UNSERE STADT

30 UNBEKANNTE WEGE DURCH WIEN

UNSERE STADT

HELGA MARIA WOLF

UNSERE STADT

30 UNBEKANNTE
WEGE DURCH WIEN

FOTOS: HELMUT LUST

Gedruckt auf chlorfrei gebleichtem Papier

Umschlaggestaltung: Ute Strohmeier

Umschlagfoto: Wandteppich im Wappensaal
des Wiener Rathauses (Ausschnitt)

Medieninhaber: Verlagsbuchhandlung Pichler GesmbH, Wien
© 1994 by Verlagsbuchhandlung Pichler GesmbH, Wien
Satz: Exakta Ges.m.b.H.
Druck: Elbemühl Druck und VerlagsGesmbH
Printed in Austria
ISBN 3-85431-095-1

INHALT

DANK

Fernsehen ist ein ebenso faszinierendes wie flüchtiges Medium. Deshalb habe ich mir seit langem gewünscht, ein Begleit-Buch zur Serie „Unsere Stadt" zu schreiben. Helmut Lust von der Verlagsbuchhandlung Pichler hat nicht nur die Erfüllung dieses Wunsches ermöglicht, sondern auch stimmungsvolle Fotos angefertigt. Besonderer Dank gilt meinem Vater, Prof. Alfred Wolf, für wertvolle Anregungen und die Durchsicht des Manuskriptes.

Helga Maria Wolf

Ich danke allen jenen, die mir durch ihr Entgegenkommen – auch zu ungewöhnlichen Zeiten – meine Arbeit erleichtert bzw. ermöglicht haben.
Besonderer Dank gilt meiner Gattin Nora, die mich bei meiner „Wienreise" durch ihre Assistenz hervorragend unterstützt hat.

Helmut Lust

Dieses Wien-Buch ist anders. Die 30 Kulturspaziergänge beschränken sich nicht auf die „großen" Sehenswürdigkeiten, obwohl auch sie sein Thema sind. Wie in der – seit Jahren von Günther Frank äußerst erfolgreich präsentierten – Serie in der Fernsehsendung „Wien heute" lädt Helga Maria Wolf zu Entdeckungsreisen durch „unsere Stadt" ein. Die Stadtethnologin und Journalistin

hat sich selbst auf alle diese (und noch viele andere) Kulturwege durch Wien begeben und gefunden, was man sonst nicht sucht: das Besondere im scheinbar Alltäglichen. Am Neubau öffnet sich das Tor eines Zinshauses zu einer idyllischen Grün-Oase. In Währing steht ein uraltes Rechtsdenkmal in einem Hinterhof. In der Brigittenau überraschen wahre Jugendstiljuwele. Ihre Vorstellung erfolgt kompakt und kompetent, nach seriöser Recherche einer Autorin, die von sich sagt, „mit Leib und Seele Wienerin" zu sein. Man merkt es dem Buch an.

Was im Fernsehen die Kameraleute von Studio Wien besorgen, nämlich die versteckten Schätze ins schönste Bild zu setzen, hat hier der Fotograf Helmut Lust übernommen. Seine Bilder machen neugierig, unsere Stadt abseits der touristischen Pfade für sich zu entdecken.

Dr. Helmut Zilk
Bürgermeister

Im Schatten des Stephansturms

... finden sich düstere Sagen und glitzernde Schätze, Frauenklöster und Männerbünde, Adler aus Amerika und ein deutscher Orden aus Jerusalem.

Schon die Ankunft mit der U-Bahn führt in die Vergangenheit. Beim Bau der Station **Stephansplatz** stieß man auf die Virgil-kapelle – 12 m unter dem heutigen Straßenniveau. Das frühgoti-sche Bauwerk war das Untergeschoß der Magdalenenkapelle auf dem Friedhof, der den Dom bis 1732 umgab. Die Virgilkapelle ist zum Ausstellungsraum geworden. Noch vor 200 Jahren (1792)

Aug' in Aug' mit dem Dom: Das Haas-Haus auf dem Stephansplatz

gab es keinen Stephansplatz. Anlage und Bezeichnung erfolgten nach dem Abbruch der Häuser, die in geringer Entfernung dem Riesentor gegenüber standen.

Die Verbindung zum **Stock-im-Eisen-Platz** entstand erst 1803, nachdem man weitere Häuser demoliert hatte. Das namengebende Wahrzeichen ist ein mit Nägeln beschlagener Baumstamm. Obwohl der „Stock im Eisen" bereits 1533 in einer Stadtrechnung erwähnt wird, ist seine Bedeutung ungewiß geblieben. Die Sage erzählt von einem Schlosser, der mit dem Teufel einen Pakt schloß: Der Böse verlieh dem Gesellen besondere Kunstfertigkeit, sodaß dieser einen Eichenstamm mit einem Ring und einem „unaufsperrbaren Schloß" versehen konnte. Der Bursche sollte des Teufels Opfer werden, sobald er den Besuch der Sonntagsmesse unterließ, was nach vielen Jahren auch geschah. Eine künstlerische Darstellung der Sage schuf Rudolf Weyr am Portal des Equitable-Palais, Nr. 3, einem der schönsten Bürohäuser Wiens. Dieses wurde 1890/91 für eine amerikanische Versicherungsgesellschaft erbaut. US-Adler auf dem Dach weisen darauf hin.

Der „Stock im Eisen": künstlerische Darstellung einer Wiener Sage

Die Häuser **Singerstraße** 1 / Stock-im-Eisen-Platz 2 („Zum goldenen Becher") und Stock-im-Eisen-Platz 1 bilden mit ihren reich bemalten historistischen Fassaden, Balkonen und Fensterumrahmungen ein markantes Ensemble. 1945 brannten beide Häuser aus, die Fassaden wurden originalgetreu rekonstruiert. In Nr. 5 / Stephansplatz 3 befindet sich im barocken Churhaus eine Kapelle zu Mariä Vermählung. Die Deutschordenskirche, Nr. 7, stammt aus dem Mittelalter. Herzog Leopold VI. berief um 1200 den „Orden der Brüder des Deutschen Hauses Sankt Mariens zu Jerusalem" nach Wien und siedelte ihn nächst St. Stephan an. Die Kirche, in der die Wappenschilde der Deutschordensritter hängen, wurde immer wieder umgebaut und schließlich regotisiert. Die Schatzkammer im Hause verwahrt wertvolle Exponate, die z.T. aus der Kunstkammer Erzherzog Maximilians III. stammen. In der Barockzeit baute man die Häuser um. Seit damals sind die Wohnungen um zwei große Höfe angeordnet. Der eine wirkt mit seinen verglasten Pawlatschengängen und in den Wänden eingelassenen alten Marmorplatten besonders malerisch. (Singerstraße 7/ Churhausgasse 1/ Stephansplatz 4/ Blutgasse 4). 1781 logierte Wolfgang Amadeus Mozart, damals noch im Gefolge des Salzburger Erzbischofs, Graf Colloredo, im Deutschordenshaus. Nach einem Streit mit seinem Dienstgeber blieb Mozart in der Kaiserstadt.

Die **Liliengasse** ist nach dem Wirtschaftshof des niederösterreichischen Stiftes Lilienfeld benannt, der sich um 1620 hier befand.

Die Bürohäuser **Weihburggasse** 7 / Liliengasse (Architekt: Rudolf Erdös) und Nr. 10 – 12 (Architekt: Guido Gröger) stammen aus dem Jahr 1911.

Die **Rauhensteingasse** verdankt ihren Namen der Bezeichnung „Beim rauhen Stein", möglicherweise einem Rittergeschlecht von Rauhenstein. Daß sich die Freimaurer, deren Ideal die Bearbeitung des „rauhen Steins" der Menschennatur ist, auf Nr. 3 niedergelassen haben, ist ein merkwürdiger Zufall. Zu ihren prominentesten Mitgliedern zählte Wolfgang Amadeus Mozart, der im Haus Nr. 8 starb.

Der verwinkelte Verlauf der **Blumenstockgasse** und der **Ballgasse** gemahnt an das Mittelalter. Die Verbindung zur Rauhensteingasse wurde erst nach der Aufhebung des Klosters der Chorfrauen zur Himmelpforte, Ende des 18. Jhs., hergestellt. Während die Ballgasse nach einer der ältesten Sportstätten der Stadt benannt ist, war die namengebende Gaststätte „Zum Blumenstock", Nr. 6, im Biedermeier Sitz eines beliebten Gesellgkeitsvereins: Die Ludlamshöhle, vom Dichter Ignaz Franz Castelli begründet, zählte Franz Schubert und Ludwig van Beethoven zu ihren Gästen. An der Stelle des Ballhauses, Nr. 8, steht seit 1772 „der bürgerlichen Tischler Herberg".

Die Häuser **Franziskanerplatz** 6 und 7 sind durch einen Schwibbogen verbunden. Kirche und Kloster entstanden um 1600. Seit 1798 bildet der Mosesbrunnen von Johann Martin Fischer den Mittelpunkt des Platzes.

Das barocke Palais Rottal, **Singerstraße** 17, Ecke Grünangergasse, wurde im 19. Jh. als Staatsschuldenkassa umgebaut. Bei Nr. 9 – 11 beginnt das Blutgassen-Viertel. Als eines der ältesten Wiens war es auch eines der ersten Revitalisierungsprojekte. Sieben Häuser gruppieren sich um den „großen" und den „kleinen" Fähnrichshof". Ihre Anlage reicht bis ins 12. Jahrhundert zurück. In der Renaissance, in der Barockzeit und im Biedermeier wurden sie umgestaltet.

Öffnungszeiten der Museen und Gedenkstätten: Virgilkapelle, Stephansplatz (Di – So 9 – 12.15 + 13 – 16.30), Schatzkammer des Deutschen Ordens, Singerstraße 7, 1. Stiege, 2. Stock (November bis April: Mo 10 – 12, Mi 15 – 17, Do 10 – 12, Fr 15 – 17, Sa 10 – 12 + 15 – 17, Mai bis Oktober: So, Mo 10 – 12, Mi 15 – 17, Do 10 – 12, Fr, Sa 10 – 12 + 15 – 17), Mozart-Wohnung, Domgasse 5 (Di – So 9 – 12.15 + 13 – 16.30)

In der angrenzenden **Domgasse,** die mit dem Durchhaus Nr. 2 / Stephansplatz 5a nach St. Stephan zurückführt, findet man auf Nr. 5 wieder Mozarts Spuren. In der als Gedenkraum eingerichteten Wohnung entstand „Die Hochzeit des Figaro". Es ist die einzige erhaltene Mozartwohnung in Wien, zugleich jene, in der der Komponist die längste Zeit verbrachte.

Das lateinische Quartier

Das Viertel um die Jesuitenkirche war 500 Jahre lang Wiens Quartier Latin. Mit 1,2 Hektar Fläche ist es – nach der Hofburg – das größte und älteste historische Ensemble der Inneren Stadt.

Im Mittelalter waren die Straßen schmal und verwinkelt, oft nicht einmal Gassen, nur Durchgänge. Einen Eindruck davon vermitteln die Durchhäuser, die vom **Stephansplatz** zur Wollzeile und weiter zum Lugeck führen. In Nr. 6 präsentiert das Erzbischöfliche Dom- und Diözesanmuseum Schätze aus der kirchlichen und profanen Geschichte, wie das Original-Portrait Herzog Rudolfs IV, der die Universität stiftete und den gotischen Ausbau des Stephansdoms betrieb.

Die **Bäckerstraße** bildete die südliche Begrenzung der hochmittelalterlichen Handelsvorstadt vor dem Ungartor. Nr. 1 / Lugeck 4 war als „Regensburger Hof" der Treffpunkt der deutschen Kaufleute. Um die Jahrhundertwende errichtete man an seiner Stelle ein repräsentatives Wohn-und Geschäftshaus und enthüllte davor das Gutenberg-Denkmal. Die Fassade von Nr. 2 weist reichen Stuck und eine Madonna auf. Nr. 4, ein Durchhaus zur Wollzeile 9, zeigt an beiden Seiten verglaste Veranden und Einfahrten mit Sterngewölben und Schlußsteinen. Haus Nr. 7/Sonnenfelsgasse 8 hat sich als eines der wenigen Bürgerhäuser aus dem 16. Jh. erhalten. Im Hof findet man nicht nur Renaissance-Arkaden, sondern auch Schmiedeeisenarbeiten aus der Sammlung des Malers Friedrich Amerling. Haus Nr. 8, das ehem. Palais Seilern, wurde 1772 erbaut. Nr. 12 zeigt Freskenreste aus dem 16. Jh.: Eine Kuh und ein Fuchs spielen Backgammon. Das Hauszeichen „Allwo die Kuh am Brett spielt" bezieht sich auf die Gegenreformation. Die Kuh soll die Katholiken darstellen, der Fuchs die Protestanten, die Fliege den Klerus. Nr. 16 ist ein Beispiel eines barocken Bürgerhauses.

In der Umgebung des heutigen **Dr.-Ignaz-Seipel-Platzes** begann 1385 die Geschichte der Wiener Universität. Fünf Jahrhunderte lang bestimmte die studentische Kultur das Leben dieser Gegend, dann übersiedelte die Universität in ihr neues Haus am Ring. 1413 gab es an die 30 Bursen (Studentenhäuser). In Nr. 2/ Bäckerstraße 11 hat in der ehem. Universitäts-Aula die Österreichische Akademie der Wissenschaften ihren Sitz. Kunsthistoriker bezeichnen das Gebäude mit seiner markanten Fassade und dem repräsentativen Festsaal als *„wichtigsten im Stile des Rokoko ausgestalteten Monumentalbau Wiens, errichtet in Anlehnung an den Pariser Palastbau".* Die alte Universitätskirche der Jesuiten ist den Ordensheiligen Ignatius von Loyola und Franz Xaver sowie der Gottesmutter Maria geweiht. Andrea Pozzo, ein Künstler, der um 1700 Laienbruder der Gesellschaft Jesu war, hat das frühbarocke Gotteshaus aufs prächtigste umgebaut und dabei eine grandiose Lichtregie inszeniert. Als Hoch-

Kaiserlicher Doppeladler am Portal der Jesuitenkirche

altarbild malte er Mariä Himmelfahrt. Die Kuppel ist ein wichtiges Beispiel barocker Scheinarchitektur. Rund um die Kirche bildet eine Vielzahl von Trakten und Höfen dieses zweitgrößte historische Innenstadt-Ensemble, dessen Revitalisierung seit Jahren betrieben wird.

Das Haus **Sonnenfelsgasse** 19, Ecke Jesuitengasse (ehem. Domus Antiqua Universitatis) wurde 1628 errichtet, 1721 umgebaut. Der nun mit Glas überdachte Hof dient wie das ganze Gebäude als Veranstaltungsort der Akademie und der Jesuitenkirche. An diesem Haus – neben der Jesuitenkirche – erinnert seit Herbst 1994 eine Tafel an den Schweizer Reformator Ulrich Zwingli, der um 1500 in Wien studierte.

Die **Schönlaterngasse** führt zum Heiligenkreuzerhof. Fast jedes ihrer Häuser ist bemerkenswert: Nr. 4 weist einen der in Wien seltenen Runderker auf. Nr. 6 trägt eine Nachbildung jener geschmiedeten Laterne, nach der die Gasse benannt wurde. Nr 7, mit gotischem Baukern, hat als Hauszeichen den Basilisken. Dieses Fabeltier soll den Brunnen vergiftet haben. Ein mutiger Bäcker hielt ihm einen Spiegel vor, wobei der Basilisk vor seinem eigenen Anblick zu Tode erschrak. In Nr. 9, der Alten Schmiede, hat der Kunstverein Wien seinen Sitz, die Werkstätte ist zum Ausstellungsraum geworden. Der Heiligenkreuzer Hof (Nr. 5/Grashofgasse 3), das älteste Zinshaus Wiens, befindet sich im Besitz des nö. Stiftes Heiligenkreuz. Er vereinigt Bauteile verschiedener Epochen, bei Stiege 3 kam sogar eine Mauer aus der Babenbergerzeit zum Vorschein. An die Bernhard-Kapelle schließt die ehemalige Prälatur an. In diesen Räumen, die mit barocken Wandmalereien, Empire-Öfen und wertvollen Parkettböden ausgestattet sind, zeigt die Hochschule für angewandte Kunst wechselnde Ausstellungen.

Der **Fleischmarkt**, eine der ältesten Straßen Wiens, führt zur Griechengasse, deren Eingang alte Prellsteine markieren. Die griechisch-orthodoxe Kirche „Zur hl. Dreifaltigkeit", Nr. 13, besteht seit dem josephinischen Toleranzpatent; Theophil Hansen besorgte den historistischen Umbau. Das Griechenbeisl in Nr. 11/Griechengasse 9 ist ein traditionsreiches Gastlokal. Im Hof befin-

Die Griechengasse – eng und verwinkelt, wie im Mittelalter

den sich ein Relief (Marienkrönung) und drei Türkenkugeln aus dem Jahr 1529, außerdem wird es mit dem legendären lieben Augustin in Zusammenhang gebracht. Im 15. Jh. errichtet, erhielt es eine Barockfassade, die Küche ist in einem Wohnturm aus dem 13. Jh. untergebracht. Diesen sieht man am besten vom Hof des Hauses **Griechengasse** 7, über dessen Portal sich eine Marienstatue befindet. Die zweite griechisch-orthodoxe Kirche „Zum hl. Georg", Nr. 5, wurde 1803 erbaut. Haus Nr. 2, der Steyrerhof reicht bis zur Rotenturmstraße 22 und bildet dort mit den Nachbarhäusern einen Straßenhof. Fünf Jahrhunderte Stadtentwicklung treten hier in einem denkmalpflegerischen Exempel zutage: Einzelne Häuser aus dem 13. Jh. wurden im Laufe der Zeit zusammengebaut, aufgestockt, mit einer gemeinsamen Fassade versehen und – nun wieder freigelegt.

Die **Rotenturmstraße**, die Verbindung zwischen Stephansplatz und Franz-Josefs-Kai, führte zum „roten Turm", einem der ältesten und wichtigsten Teile der Stadtbefestigung. Er wurde schon 1312 urkundlich erwähnt, mehrfach umgebaut und 1858 bei der allgemeinen „Auflassung der Umwallung" abgebrochen. Von der Ecke der Rotenturmstraße bietet sich ein Blick auf den Kornhäusel-Turm, ein Biedermeier-Hochhaus, das der Architekt für sich selbst errichtete. Haus Nr. 14 „Zum goldenen Stern" stammt von Josef Kornhäusel. Jünger ist der Van-Swieten-Hof (Nr. 19), erbaut 1896 für die „Witwen-und Waisen-Societät des Wiener Medic. Doctoren-Collegiums". Eine glasgedeckte Passage bildet die Verbindung zur Rotgasse 6. Das Erzbischöfliche Palais Nr. 2/Wollzeile 2/Stephansplatz 5 geht auf den Pfarrhof aus dem 13. Jh. zurück. Mitte des 17. Jh. wurde der damals so genannte „Bischofshof" vergrößert und erneuert. Bei diesem Umbau verschwand ein weiterer alter Wehrturm. Auch die dem hl. Andreas geweihte Hauskapelle erhielt ein neues Aussehen.

Öffnungszeiten der Museen und Sammlungen: Eb. Dom- und Diözesanmuseum, Stephansplatz 6 (Di, Mi, Fr, Sa 10 – 16, Do 10 – 18, So + Fei 10 – 13), Alte Schmiede, Schönlaterngasse 9 (Mo – Fr 9 – 15)

Tiefer Graben und Hohe Brücke

Die Gegend bei der Hohen Brücke, über die angeblich der „Weg zum Glücke" führt, hieß früher „Im Elend". Gewässer und das alte Römerlager haben Spuren in der Stadtlandschaft hinterlassen.

Ecke **Strauchgasse**/Freyung verkündet eine Gedenktafel: „Bis zum J. 1456 floß durch diese Gasse und den Tiefen Graben der Alsbach der Donau zu". An der Ecke des 1851/52 erbauten Palais Montenuevo stellt das steinerne Hauszeichen einen Reiter mit geschwungenem Säbel dar. An den „Haydenschuß" knüpft sich eine Sage. Während der ersten Belagerung Wiens durch die Türken sollen diese hier einen unterirdischen Gang gegraben haben, um in die Stadt einzudringen. Ein Bäckerjunge entdeckte dies, man leitete Wasser in den Gang und konnte so die Feinde abwehren.

Der **Tiefe Graben** folgt in seinem Verlauf der Mauer des Römerlagers. Das schmale Haus Nr. 6 reicht bis zum Platz Am Hof. An dem Neubau Nr. 8 – 10 erinnert ein Mosaik an Ludwig van Beethoven, der 1799 – 1800 im alten Haus wohnte. Auf Nr. 12 stand anstelle des modernen Ferdinand-Georg-Waldmüller-Hofs früher das Geburtshaus des Biedermeiermalers. Wolfgang Amadeus Mozart nahm 1773 im Haus Nr. 18 Quartier, das nun gemeinsam mit dem Bürgerhaus Nr. 16 eine stilvolle Hotelfassade abgibt. Auf Nr. 22 / Wipplinger Straße 21 meldet eine Gedenktafel am 1900 erbauten Haus: „Hier stand zur Zeit der Babenberger ein Stadttor".

Anstelle der **Hohen Brücke** gab es schon im 13. Jh. einen Übergang. Sie wurde 1903 künstlerisch gestaltet und ist durch mehrere Abgänge mit dem Tiefen Graben verbunden. **Am Gestade** 5 – 7 / Tiefer Graben 34 weist eine Hausmadonna aus dem

18. Jh. auf und ist die Heimstätte des Polnischen Kulturinstituts. Dieses und die benachbarten Häuser gehen im Kern bis ins Mittelalter zurück. Sie waren unter den ersten, die in den siebziger Jahren altstadtgerecht revitalisiert worden sind. Der Hannakenbrunnen, den Rudolf Schmidt 1937 schuf, bezieht sich auf die Geschichte von einem Bader, der in der Nacht Passanten Prügel vor die Füße warf, um sie danach gegen gutes Geld kurieren zu können.

In der **Schwertgasse** 3 erhielten drei ältere Häuser um 1720 eine gemeinsame palaisartige Fassade mit prächtigem Portal. Im Stiegenhaus steht eine Figur des hl. Rochus; der hübsche Hof weist offene Gänge auf.

Die Kirche Maria am Gestade, **Salvatorgasse** 12, entstand im 14. Jh. oberhalb des Steilhanges, der zum Salzgries abfällt, teilweise über der römischen Lagermauer. Der geknickte Grundriß folgt dem Terrain. Ein architektonisches Juwel ist der siebeneckige, 56 m hohe Turm mit dem filigranen steinernen Helm, dessen Bau vor 600 Jahren begonnen wurde. Er korrespondiert mit dem kuppelartigen Baldachin über dem Hauptportal am Passauer Platz. Bei der Innenausstattung mischen sich gotische Elemente – wie die grazile Orgelempore – mit neugotischen. Ein moderner runder Altar birgt in einem Reliquienschrein aus dem Jahr 1888 die Gebeine des Wiener Stadtpatrons Clemens Maria Hofbauer. In Nr. 5 befindet sich die Salvatorkapelle im Alten Rathaus. Sie wurde 1871 der Altkatholischen Kirche zur Verwendung übergeben. Das Renaissance-Portal ist ein Unikat in unserer Stadt.

Das Alte Rathaus, **Wipplinger Straße** 8, besteht aus mehreren Höfen. Im Haupthof befindet sich der Andromeda-Brunnen von Georg Raphael Donner. Die Portale, deren Allegorien Tugenden darstellen, wurden um 1700 errichtet. Neben Amtsräumen und Festsälen befinden sich das Bezirksmuseum und das Dokumentationsarchiv des österreichischen Widerstands im Alten Rathaus. Johann Bernhard Fischer von Erlach erbaute die Böhmische Hofkanzlei Nr. 7 / Judenplatz 11. Die Fassade am Judenplatz gestaltete Matthias Gerl anläßlich des Umbaues nach dem Auszug der Hofkanzlei in den fünfziger Jahren des 18. Jh.

*Mythologisches im Alten Rathaus: Andromeda wird von
Perseus vor dem See-Ungeheuer gerettet*

Auf dem **Judenplatz**, der bis zur Vertreibung 1421 den Mittelpunkt des Gettos bildete, gibt es heute wieder eine Synagoge
(Nr. 8). Am ältesten Gebäude des Platzes (Nr. 2) erinnert ein Relief, das die Taufe Christi im Jordan darstellt, an die Geserah des
Jahres 1421. Seit 1982 steht das von Siegfried Charoux angefer-
tigte Denkmal für Gotthold Ephraim Lessing in der Mitte des Platzes. Es gilt als Symbol der Toleranz und Versöhnung.

Die **Kurrentgasse**, die vom Judenplatz zum Schulhof führt,
verdankt den Finanzbeamten zur Zeit Leopold I. ihren Namen.
Hier waren alle Kurrenten einquartiert, die den Weinzehent kas-
sierten. In Nr. 2, im ehemaligen Pfarrhof der Kirche Am Hof, lebte
der hl. Stanislaus Kostka. Sein Wohnzimmer wurde in der Barockzeit zu einer prächtigen Kapelle umgestaltet.

Die Bezeichnung **Schulhof** leitet sich von der mittelalterlichen
Judenschule ab. In diesem romantischen Ensemble verbergen sich
sehenswerte Sammlungen: in Nr. 2 das Uhrenmuseum, in Nr. 4
das Puppen-und Spielzeugmuseum. Ein Schwibbogen führt zum
Platz **Am Hof.** In Nr. 13 / Schulhof 8 hatte Mozart im Palais

Farbenfrohes Altstadt-Ensemble in der Kurrentgasse

Collalto seinen ersten öffentlichen Auftritt in Wien. Das Urbanihaus (Nr. 12) stammt aus der Barockzeit. Am Gründerzeitpalais (Nr. 11) befindet sich eine vergoldete türkische Kanonenkugel aus dem Jahr 1683. Haus Nr. 10, das ehem. bürgerliche Zeughaus mit seiner markanten Giebelgruppe, dient wie die Nachbarhäuser nun als Feuerwehrzentrale. Seit dem 30jährigen Krieg ist die Mariensäule der Mittelpunkt des Platzes. Die Kirche „Zu den neun Chören der Engel" wurde 1386 – 1403 für die Karmeliter erbaut, später von den Jesuiten übernommen und nach einem Brand 1610 umgestaltet. Die Ecke **Naglergasse** / Am Hof / Irisgasse bildet ein Gründerzeithaus, das sich durch üppige Dekorationen und Erker auszeichnet. Die Naglergasse wirkt durch ihre gepflegten alten Häuser und den gekrümmten Verlauf, der noch der römischen Lagermauer folgt, äußerst malerisch. Viele ihrer Häuser weisen einen mittelalterlichen Baukern auf, eine Reihe trägt religiöse Hauszeichen: Nr. 4 Relief Maria mit Jesuskind, Nr. 6 Dreifaltigkeitsgruppe, Nr. 13 Marienkrönung, Nr. 21 Maria Immaculata.

Den Ausgangs-und Endpunkt dieses Rundgangs erreichen Sie entweder zu Fuß vom Straßenbahnknotenpunkt Schottentor – wobei Sie den Schottenhof als Durchhaus benützen und einen Blick in die restaurierte Schottenkirche werfen können – oder Sie fahren eine Station mit dem Citybus 1A. An Museen erwarten Sie: Bezirksmuseum Innere Stadt, Wipplingerstraße 8 (Mi + Fr. 15 – 17), Dokumentationsarchiv des. österr. Widerstands, Wipplingerstraße 8/ Stg. 3 (Mo, Mi, Do 9 – 17), Uhrenmuseum, Schulhof 2, (Di – So 9 – 16.30), Puppen-und Spielzeugmuseum, Schulhof 4, (Di – So 10 – 18), Feuerwehrmuseum, Am Hof 7 (So 9 – 12), Römische Baureste, Am Hof 9 (Sa, So, Fei 11 – 13). Wenn Sie zum Schottentor zurückgehen, benützen Sie am besten die Ferstel-Passage im ehemaligen Bank-und Börsengebäude mit dem berühmten Café Central und dem Donaunixenbrunnen von Dominik Fernkorn.

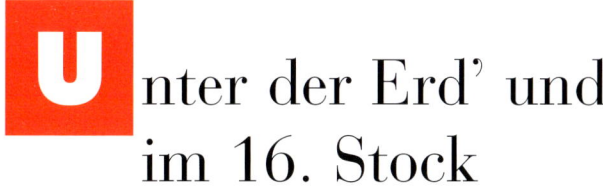nter der Erd' und im 16. Stock

Bei einem Spaziergang entlang der alten Jägerzeile kommt man an dem Dichter und Schauspieler Johann Nestroy nicht vorbei.

Der secessionistische Nestroyhof trägt gleich vier Hausnummern: **Nestroyplatz** 1, Praterstraße 34, Tempelgasse 1, Czerningasse 2. Das Wohnhaus mit seinen drei Stiegenhäusern ist von der Fluchtlinie der Praterstraße so zurückgesetzt, daß sich davor der Nestroyplatz ergibt, auf dem 1929 – 1950 das Denkmal des Dichters stand. Das repräsentative Entrée vermittelt noch einen Hauch der Varieté-Atmosphäre: Ein runder Raum mit Glasdach, Floraldekor an den Wänden und im Terrazzoboden, einem schmiedeeisernen Balkon und Säulen im ersten Stock. Die Pläne des Hauses stammen von Oskar Marmorek. Er machte sich um die Jahrhundertwende nicht nur als Chefarchitekt von Großausstellungen, Planer einer Reihe von Privathäusern und durch den Aufbau von „Venedig in Wien" im Prater einen Namen, sondern berief auch 1897 mit Theodor Herzl den ersten Zionistenkongreß ein.

Die **Tempelgasse** erinnert an die Synagoge, die der Ringstraßenarchitekt Ludwig Förster errichtete. Sie war ein Sichtziegelbau, der orientalische Architekturelemente mit dem damals neuesten Stand der Technik, Eisenkonstruktionen, verband. Nur Nebengebäude sind erhalten geblieben, doch gibt es in der Gasse ein aschkenasisches und ein sefardisches Zentrum.

Die **Praterstraße** trägt erst seit 1862 im heutigen Verlauf ihren Namen. Bis dahin hatte nur der Abschnitt zwischen Schwedenbrücke und Aspernbrückenstraße diese Bezeichnung, während der repräsentativere Teil als Jägerzeile die Hauptstraße Richtung

Prater darstellte. Nr. 42, ein Durchhaus zur **Czerningasse** 7a, wurde von Ludwig Förster und Theophil Hansen für die Fabrikanten Gebrüder Klein in großzügiger Weise geplant. Die Fassade zeigt Statuen als Allegorien der Wirtschaft und Erker, die Höfe weisen modern wirkende Glasfassaden bei den Stiegenhäusern auf. Der erste Hof trägt noch die Aufschrift „Jägerzeile", ein kleiner Pavillon mit einer Wendeltreppe aus Gußeisen wirkt nostalgisch. Einst gab es hier Blumenbeete, einen Springbrunnen und eine Pumpe, welche die erste Warmwasser-Fußbodenheizung Österreichs betrieb. Die Czerninpassage, Nr. 9, die an einer Hofmauer eine kleine Florian-Statue aufweist, führt zurück zur **Praterstraße** 52. In Nr. 54 befindet sich die als Gedenkstätte eingerichtete Wohnung, in der Johann Strauß 1867 den Donauwalzer komponierte. Im Nebenhaus, Nr. 56, erinnert eine Gedenktafel an Josefine Gallmeyer, die ihre Karriere am nahen Carl-Theater begann und in diesem Haus starb, sowie an den Theaterdirektor Gabor Steiner. Er ließ im ehemaligen Kaisergarten die Praterattraktion „Venedig in Wien" und später das Riesenrad errichten. An den Kanälen, mit einer Fläche von 8000 m², auf denen die Be-

Praterstraße 11 – 15 zählt zu den schönsten Zinshäusern Wiens

sucher in Gondeln fahren konnten, befanden sich Nachbildungen berühmter Palazzi. Doch schon nach sechs Jahren ersetzte sie der erfolgreiche Unternehmer durch internationale Straßenbilder. Im Dogenhof, Nr. 70, ist ein Stück Venedig in Wien erhalten geblieben. Der Gutsbesitzer Maximilian Haas ließ ihn 1898 „in honorem Venetiae" nach Vorbildern aus der Lagunenstadt errichten. Carl Coufal gestaltete das Wohnhaus mit Erkern, Maßwerk, einer Darstellung des Dogen und des Markuslöwen.

Der **Praterstern** entstand im Zusammenhang mit der Weltausstellung 1873. Den Mittelpunkt des Kreisverkehrs, in den sieben Straßen münden, bildet seit 1886 das Denkmal für Admiral Wilhelm Tegetthoff. Seine 3,5 m hohe Bronzefigur steht auf einer 16 m hohen Säule, die mit Nachbildungen von Schiffsschnäbeln verziert ist.

Seit 1983 steht das Nestroy-denkmal vor dem Haus Praterstraße 19

Die Pfarrkirche Johannes von Nepomuk, bei **Praterstraße** 45, ist ein Beispiel romantisch-historistischer Ideale. Carl Rösner plante sie 1841 – 46 als Gesamtkunstwerk. Ihr Wahrzeichen ist der 70 m hohe, achteckige Spitzturm. Leopold Kupelwieser, Josef Klieber und Leopold Geyling statteten sie aus. Oft kopiert wurde der Kreuzweg von Josef Führich. Innerhalb weniger hundert Meter kann man an der Praterstraße Häuser verschiedenster Epochen kennenlernen, vom barocken Palais (Nr. 17) bis zum postmodernen Bürogebäude (Nr. 12). Am üppig gestalteten

Alliiertenhof, Nr. 33 / Weintraubengasse 2, erinnert ein Metall-relief an die Begegnung der russischen, österreichischen und preußischen Herrscher beim Wiener Kongreß. Das berühmteste Gebäude war das Leopoldstädter Theater (Carl-Theater), an dessen Stelle (Nr. 31) sich ein 16stöckiges Bürohaus erhebt. Die Geschichte der Bühne geht in das Jahr 1781 zurück. Als sie in den dreißiger Jahren des 19. Jhs. in finanzielle Schwierigkeiten geriet, wurde der Pächter des Theaters an der Wien, Karl Carl Edler von Bernbrunn, ihr neuer Besitzer. 1845 ließ er das Haus abreißen und beauftragte die Architekten der Hofoper, Eduard van der Nüll und August Siccardsburg, mit dem Neubau. Innerhalb eines Jahres war das Theater mit einem Fassungsraum für 1000 Personen fertig. 1929 wurde es geschlossen, im Zweiten Weltkrieg von einer Bombe getroffen und 1951 demoliert. (Letzte Reste der Fassadendekorationen finden sich am Haus Zirkusgasse 10 / Komödiengasse 10.) In Haus Nr. 27, einem Empirehaus mit figürlichen Reliefs, befand sich das Gasthaus „Zum grünen Jäger", in dem Josef Lanner mit seiner Kapelle spielte. Der Fürstenhof, Nr. 25, aus dem Jahr 1913 zeigt die vier Jahreszeiten im Jugendstil. Das Palais Wenkheim, Nr. 23, wurde vom Bauleiter des Esterhazy-Schlosses in Eisenstadt, Karl Ehmann, 1826 in klassizistischen Formen errichtet und nach wechselhafter Geschichte ebenso stilvoll wie funktionell als Bürohaus revitalisiert. Vor dem Haus „Zum Jonas", Nr. 19, hat 1983 das Nestroy-Denkmal von Oskar Thiede wieder seinen Platz gefunden. An der linken Seite des kleines Platzes, Nr. 17, steht das älteste Haus der Praterstraße, das Belle-garde-Palais. Es zeigt eine spätbarocke Fassade mit schmiede-eisernen Gittern und Balkonen. Der Häuserblock Nr. 11 – 15 bildet den „bedeutendsten erhaltenen Wohnbau des Historismus", schreibt Rupert Feuchtmüller. Die Dekorationen stellen Allegorien auf den Hausherren Heinrich Benies, Eigentümer mehrerer Zuckerfabriken, dar.

Ausgangs- und Endpunkt dieses Spazierganges, der sich auf die Praterstraße konzentriert, ist die U1-Haltestelle Nestroyplatz. Öffnungszeiten der Johann-Strauß-Wohnung, Praterstraße 54: Di – So 9 – 12.15 + 13 – 16.30.

Im Prater blüh'n wieder die Träume

Nur zwei Kilometer vom Stephansdom entfernt, liefert der Prater Stoff für Träume: Auf Spaziergängen in fast unberührter Natur, Illusionen im Wurstelprater, Glück bei Pferderennen ...

Die 4,5 km lange **Hauptallee** wurde bei der Erschließung des Praters als kaiserliches Jagdrevier (1537/38) angelegt. Wilde Aubäume mußten einer Kastanienallee weichen, die als „langer Gang" zum Jagdschlößchen, dem heutigen Lusthaus, führt. Seit der Barockzeit war sie am 1. Mai Schauplatz der Wagen- und Modenschau des Adels, des Wettrennens der herrschaftlichen Läufer (bis 1847), des Blumenkorso (ab 1886), nach der Proklamierung des Tages der Arbeit auch ein Ziel der Arbeiterschaft (seit 1890). Der Stützpunkt des Stadtgartenamtes, Nr. 2, wirkt mit seiner Loggia und dem Laubsägedekor für ein öffentliches Gebäude ungewöhnlich, hatte diese Funktion aber von Anfang an (1869).

Beim **Konstantinhügel** befindet sich seit 1960 ein Denkmal für den Komponisten Carl Michael Ziehrer, der in Deutschmeisteruniform und mit einer Geige dargestellt ist. Der Hügel an der Hauptallee entstand aus dem Aushubmaterial der Rotunde als Attraktion der Weltausstellung 1873. Eduard Sacher betrieb ein Nobellokal in einer historistischen Villa. Mit reichen Holzdekorationen geziert, thronte es auf der Höhe, Wasserfälle ergossen sich malerisch in einen Teich, auf dem man Boot fahren konnte. Die Initiatoren hatten im Obersthofmeister Kaiser Franz Josephs, Constantin Fürst zu Hohenlohe-Schillingsfürst, einen prominenten Namensgeber gefunden.

Der Name der **Jesuitenwiese**, die bis in die Gegenwart ein beliebter Platz für Volksfeste ist, erinnert hingegen an frühere Verhältnisse. Bis ins 16. Jh. war das Praterareal vorwiegend kirchlicher Besitz, dann wurde es zum exklusiven kaiserlichen Jagdrevier. Doch 1766 ließ Josef II. im Wienerischen Diarium verlautbaren: *„Es wird anmit jedermanniglich kund gemacht,... daß künftighin und von nun an zu allen Zeiten des Jahrs und zu allen Stunden des Tags, ohne Unterschied jedermann in den Bratter sowohl als auch in das Stadtgut frey spatzieren zu gehen, zu reiten und zu fahren, und zwar nicht nur in der Hauptallee, sondern auch in den Seitenalleen, Wiesen und Plätzen ... erlaubet ... sein soll.“*

1781 – 1783 baute der vom Kaiser viel beschäftigte Architekt Isidor Canevale das Lusthaus, **Freudenau** 254, am Ende der Hauptallee. Die Deckenmalereien im klassizistischen Pavillon zeigen Jagddarstellungen. Seit 1862 werden in der Freudenau Pferderennen abgehalten. Der Ringstraßenarchitekt Carl Hasenauer gestaltete die Zuschauertribünen.

Rund um Maria Grün befand sich die größte Waldandacht Österreichs

In der **Aspernallee** befindet sich seit 1924 die Wallfahrtskirche Maria Grün. Das Gnadenbild zeigt Maria mit dem Kind, inmitten des Pratergrüns auf einem thronartigen Sessel sitzend. Lange vor dem Bau der Kirche bestand bei einem an einem Baum befestigten, 1863 geweihten Marienbild und einer 1911 aufgestellten Statue die Waldandacht. Mit 6000 Bildern und anderen Devotionalien war sie die vermutlich größte Österreichs.

Die Anlage des Messegeländes, **Südportalstraße**, folgt dem Grundriß der Weltausstellung 1873: 40.000 Aussteller präsentierten sich im 1000 Meter langen Industriepalast und in 142 Pavillons. Eine Woche nach der Eröffnung am 1. Mai kam es zum Börsenkrach, im Herbst brach die Cholera aus. So zählte man sieben Millionen Besucher, während mit doppelt bis dreimal so vielen gerechnet worden war. Den Einnahmen von nur vier Millionen Gulden standen Ausgaben von 19 Millionen gegenüber. Den Mittelpunkt des 2 km² großen Ausstellungsareals bildete die Rotunde. Mit 8000 m² war sie damals der größte gedeckte Raum der Welt, die Kuppel des Petersdoms hätte zweimal darin Platz gefunden. Nach der Weltausstellung war die Rotunde ein prominenter Veranstaltungsort, Zirkus und Konzertsaal. Alexander Girardi sang hier erstmals das Fiakerlied. 1921 zog die Wiener Messe AG ein. Nach der Herbstmesse 1937 brannte die Rotunde innerhalb einer Stunde ab. 250 Feuerwehrleute konnten den Koloß nicht retten. Die Brandursache ist ungeklärt.

Das Riesenrad: fast 100 Jahre

Das Messegelände grenzt an den Wurstelprater. Der erste, der – bald nach der Öffnung des Praters – Hutschen und Ringelspiele aufstellte, war ein Lehrer. Populärster Profi blieb bis heute der Biedermeier-Schausteller Basileo Calafati. An sein Ringelspiel „Zum großen Chineser" erinnert seit 1967 ein Denkmal im Volksprater. Sein weithin sichtbares Wahrzeichen, das Riesenrad, entstand 1897 in achtmonatiger Bauzeit. Es hat 65 m Höhe, 61 m im Durchmesser und wiegt an die 500 Tonnen. Der englische Konstrukteur Walter Basset baute solche Anlagen in England, Frankreich und Amerika, die jedoch alle nicht mehr bestehen. Das Riesenrad war die Hauptattraktion des Vergnügungsparks „Venedig in Wien".

Beim Riesenrad, am **Oswald-Thomas-Platz** 1, befindet sich seit 1964 das Planetarium mit dem Pratermuseum, das die Privatsammlung des Heimatforschers Prof. Hans Pemmer enthält.

Die ehemalige Feuerwerkswiese, auf der im 18. und 19. Jh. die beliebten pyrotechnischen Darbietungen stattfanden, liegt jetzt außerhalb des Praterareals. Allerdings erinnert die Bezeichnung der **Stuwerstraße** an jenen Feuerwerker, dessen Kunst oft 30.000 Besucher in den Prater lockte.

Ausgangs- und Endpunkt dieser Wanderung ist der Praterstern, an dem sich die Haltestellen vieler Linien (U1, S7, 5, 81, O, 80A, 82A) befinden . Die vorgeschlagene Route folgt dem Stadtwanderweg 9 (Prater), der mit 13 km Länge und einer Gehzeit von 3 bis 4 Stunden angegeben wird. Sollte Ihnen dies zu weit sein, können Sie Autobusse benützen, die durch den Prater fahren, z.B. 77A vom Rennweg über die Lusthausstraße und einen Teil der Hauptallee zum Lusthaus. Der Stadtwanderweg 9 führt an allen interessanten Punkten vorbei, teilweise durch naturbelassene Aulandschaften. Nicht nur als Schlechtwetter-Alternative empfiehlt sich der Besuch von Planetarium und Pratermuseum, Oswald-Thomas-Platz 1 (Di – Fr 9 – 12.15 + 13 – 16.30, Sa, So, Fei 14 – 18.30).

Am Brunnen vor dem Amte

Die Landstraße ist mit fast siebeneinhalb km² Fläche der größte Innenbezirk. Dennoch findet man lauschige Plätzchen, wie den Karl-Borromäus-Platz mit seinem Jugendstilbrunnen.

Seit dem 12. Jh. entwickelte sich eine dörfliche Siedlung an der Abzweigung der Erdbergstraße von der Landstraßer Hauptstraße rund um den jetzigen Rochusplatz. Vom geschäftigen Markt, dem Zentrum der späteren Vorstadt, führt die Rochusgasse zum Karl-Borromäus-Platz. Die Pfarrkirche, **Landstraßer Hauptstraße** 56, ist den Pestpatronen Rochus und Sebastian geweiht. Ihre heutige Gestalt erhielt sie um 1720. Peter Strudel malte das Bild „Vertreibung der Pest über Fürbitte der Pestheiligen und Maria vor der Dreifaltigkeit" für den Hochaltar. Die *„mit seltenem Prunke"* ausgestattete Kirche war in der Barockzeit für ihre zahlreichen verzierten Reliquien berühmt und wurde von Kaiserin Maria Theresia gerne besucht. Noch heute steht ein Glassarg mit dem Skelett des Katakombenheiligen Donatus auf einem Seitenaltar. Neben der Kirche befand sich ein Augustiner-Kloster.

In der **Rochusgasse** haben sich Gebäude aus der josephinischen Zeit und aus dem Biedermeier erhalten, z. B. Nr. 6 / Pfarrhofgasse 4. Im Haus Nr. 7 lebte Marianne Hainisch. Sie war in der Frauenrechtsbewegung und in der Friedensarbeit aktiv, auch engagierte sie sich für die Zulassung von Frauen zum Hochschulstudium und für die Einführung des Muttertages in Österreich (seit 1924). Ihr Sohn, Dr. Michael Hainisch, war 1920 – 1928 der erste österreichische Bundespräsident.

Der **Karl-Borromäus-Platz** entstand zwar um 1800, wird
aber von historistischen Häusern (Nr. 1, Sechskrügelgasse 10
und 12) und dem secessionistischen Brunnen bestimmt. Den
Brunnen vor dem Amte widmeten die Bürger der Landstraße
1904 dem damals 60jährigen Bürgermeister Karl Lueger, dessen
politische Karriere in ihrem Bezirk begonnen hatte. Sie ver-
pflichteten namhafte Künstler, den Bildhauer Josef Engelhart
und den Architekten Josef Plecnik. Allerdings gab es bei der Ausführung Schwierigkeiten, sodaß das Geschenk gerade zum
65. Geburtstag zurechtkam. Der tiefer liegende, umfriedete Brunnen bildet das Zentrum des Platzes. Ein Obelisk wird von Figu-
rengruppen umrahmt, die in Anspielung auf den Geehrten Taten
seines Namenspatrons zeigen. Auf der Einfassung stehen vier
von Tierfiguren getragene Bronzeschalen. Im Magistratischen
Bezirksamt, Nr. 3 / Sechskrügelgasse 11, befindet sich auch das
Bezirksmuseum Landstraße.

Geburtstagsgeschenk für Bürgermeister Lueger:
Der Karl-Borromäus-Brunnen

Jenseits der Landstraßer Hauptstraße zeigt die eigenartig verlaufende **Salmgasse** Palais (Nr. 2 / Rasumofskygasse 18, Palais Salm, Nr. 4, Palais Sylva Tarucca, Nr. 8) ebenso wie kleine Vorstadthäuser und Miethäuser des 19. und 20. Jhs.

Zwischen Salmgasse, Siegelgasse 1 – 3 und **Rasumofsky-gasse** umfaßt das um 1700 enstandene „Spiegelmacherhaus" mehrere Parzellen. Haus Nr. 23 – 25 ist die Geologische Bundesanstalt, ein Hauptwerk des Architekten Louis Montoyer. 1806/07 baute er für den russischen Diplomaten Andreas Fürst Rasumofsky diesen bedeutendsten klassizistischen Palast Wiens. Das Vestibül, ein dekorativer Kuppelsaal und der noble Festsaal mit Empire-Lustern, Kaminen und Parketten geben noch Zeugnis vom kulturellen Kristallisationspunkt der Kongreßzeit.

Bei der Rasumofskygasse endet die **Löwengasse**. Bei Nr. 47 / Paracelsusgasse 9 fällt das Palais des Beaux Arts auf – ein monumentales Eckhaus mit Erkern und Uhrturm. Dieser wird von weiblichen Gestalten flankiert, die Globen tragen und auf die ehem. Bestimmung des Hauses als internationales Modezentrum hinweisen.

Etwa gleichzeitig (und z.T. von denselben Architekten, Gebr. Drexler) wurde im ersten Jahrzehnt des 20. Jhs. in Verlängerung der Paracelsusgasse der **Rudolf-von-Alt-Platz** angelegt und einheitlich verbaut.

Die Eckhäuser zur **Löwengasse** tragen an den Kanten Löwenskulpturen. Eine Ecke weiter, Nr. 41 – 43 / Kegelgasse 36 – 38, hat sich das „Öko-Haus" von Friedensreich Hundertwasser zur Touristenattraktion entwickelt. Der Gemeindebau mit alternativem Aussehen entstand 1983 – 1985.

Die Sophiensäle, **Marxergasse** 17 / Ecke Blattgasse, sind eine der ersten großen Eisenkonstruktionen Wiens. Eduard van der Nüll und August Siccardsburg bauten sie 1845 – 1848 zur Mehrfachnutzung – im Sommer als Schwimmbad, im Winter als Ballsaal.

Elegante Eisenbetonbauten in zumeist secessionistischen Formen entstanden kurz vor dem Ersten Weltkrieg am **Esteplatz** und in der **Weyrgasse**. Die fünfgeschossigen Miethäuser zeigen

Das Palais des Beaux Arts, Löwengasse 47, steht an der Schwelle vom Historismus zum Jugendstil

großzügig gestaltete Stiegenhäuser, die noch bis ins Detail im Original zu bewundern sind.

Die **Landstraßer Hauptstraße**, deren Verlauf der verlängerten Straße des Römerlagers Vindobona folgt, weist in diesem Bereich einige Vorstadthäuser aus der Zeit um 1800 auf. Oft entstanden auf langen, schmalen Parzellen die Wirtschaftshöfe mit anschließenden Gärten. Das klassische Beispiel eines solchen, im Biedermeier zum Durchhaus umgebauten Objekts ist der Sünnhof (Nr. 28 / Ungargasse 13) Mehrfach verändert, besteht er nun aus zwei dreigeschoßigen Häusern mit 59 Fensterachsen. Weitere Vorstadthäuser sind Nr. 30, 36 und 38. In Nr. 40 befand sich ein beliebter Einkehrgasthof, der „Rote Hahn", zu dessen Gästen Mozart, Beethoven und Stifter zählten. Das alte Haus wurde in der zweiten Türkenbelagerung in Brand gesteckt, nachdem Soldaten die Vorräte geplündert und den Wirt ermordet hatten. Eine an der Fassade des Hotels eingemauerte Kanonenkugel gemahnt an jene Schicksalsschläge. An eine weitere berühmte Biedermeier-Gaststätte, die „Goldene Birne", Nr. 31, erinnern nur noch Gedenktafeln am 1934 errichteten Wohnhaus. Im einstigen „Wiener Annentempel" spielte der 12jährige Josef Lanner in der Kapelle von Michael Pamer. Das Fest der hl. Anna am 26. Juli war damals ein bedeutender Tag im Wiener Jahresablauf. Um 1800 feierte man die Trägerinnen dieses Namens mit eigenen Geschenken. Johann Strauß Vater und Sohn komponierten Annenpolkas, Josef Lanner einen Annenwalzer. Außer durch ihren 1833 errichteten Tanzsaal war die „Goldene Birne" für ihre prominenten Gäste – wie Adalbert Stifter oder Honoré de Balzac – bekannt.

Ausgangs- und Endpunkt dieses Spazierganges ist die U3-Station Rochusgasse, wo zwei beleuchtete Kapitelle am Bahnsteig die Geschichte in Erinnerung rufen. Das Bezirksmuseum Landstraße, Sechskrügelgasse 11 (Mi 16 – 18, So 10 – 12), informiert nicht nur über die Bezirksgeschichte, sondern auch über die Entwicklung des Wiener Sports und zeigt das Arbeitszimmer des Dichters Josef Weinheber.

Papageno bei den Paulanern

Die Wiedner Hauptstraße ist einer der alten Fernverkehrswege Richtung Süden. Ihr Charakteristikum: kleine Dreiecksplätze, die mit Brunnen oder Denkmälern gestaltet sind.

Bis zur Jahrhundertwende floß die Wien offen über den Karlsplatz. Die letzte der Brücken, die seit dem Mittelalter hier bestanden, wurde 1854 nach Plänen von Ludwig Förster errichtet und ein Jahrzehnt später mit acht Marmorstandbildern versehen. Es sind jene Denkmäler, die seit 1902 den Zugang zum Rathausplatz zieren. Das für den Berater Maria Theresias, Joseph Sonnenfels, wurde 1939 durch ein Standbild des Komponisten Christoph Willibald Gluck ersetzt. 1947 erfolgte ein neuerlicher Austausch – Glucks Standbild befindet sich nun an der Seite der Karlskirche, ganz in der Nähe seines Wohnhauses (Wiedner Hauptstraße 32).

Der Beginn der **Wiedner Hauptstraße** ist durch die Gebäude der Technischen Universität (TU) bestimmt. Auf der einen Seite das Hauptgebäude des ehem. Polytechnischen Instituts, dessen Kern am Karlsplatz 1816 – 1818 Josef Schemerl erbaute, auf der anderen der Neubau von 1971 mit der markanten Eulenplastik von Bruno Weber. In das Stammhaus hat man angrenzende einstige Wohnhäuser integriert: Nr. 3 / Resselgasse 3 – 5 hieß „Zum goldenen Ochsen". Die Pläne dieses Musterbeispiels der großen Biedermeier-Zinshäuser verfaßte der Stararchitekt jener Epoche, Josef Kornhäusel. Auch im 1760 erbauten Hotel „Zum goldenen Lamm", Nr. 7, das dem Komponisten Antonin Dvořák als Quartier diente, sind nun TU-Institute untergebracht. Eine Gedenktafel an der restaurierten Fassade erinnert an den „Weltbürger der Musik".

Die **Resselgasse** mündet in den **Bärenmühldurchgang.** Sein Name leitet sich von einer sagenhaften Begebenheit ab: Ein Müller, den ein Bär bedrohte, sei von seinem Knecht gerettet worden. Er belohnte den Lebensretter so gut, daß dieser in der Nähe ein Gasthaus eröffnen konnte, welches er „Zum schwarzen Bären" nannte.

Seit der Mitte des 17. Jhs. prägte das Freihaus fast zwei Jahrhunderte hindurch das Aussehen der Wieden. Es erstreckte sich zwischen Wiedner Hauptstraße, Margaretenstraße, Schleifmühlgasse, Kühnplatz, Mühlgasse und Resselgasse. Mit fast 1000 Bewohnern war es das größte Zinshaus Wiens, besaß eine eigene Kapelle, ein Theater und – das berühmte Gartenhäuschen, in dem Wolfgang Amadeus Mozart die „Zauberflöte" schrieb. Die Neubauten **Operngasse** 23 – 25 und 26 – 36, die Architekt Franz Gessner Mitte der dreißiger Jahren in expressiven Formen plante, tragen mehrere Reminiszenzen: der Papageno-Hof, Nr. 26, ein Majolika-Relief, Nr. 25 und 35 Sgrafitti und Texte.

Otto Wagners berühmte Sonnenblumen blühen am Karlsplatz

Alte Kunst, neue Sachlichkeit: Papageno-Relief

Der Name der **Mühlgasse** erinnert an ihren ehemaligen Verlauf entlang eines Mühlbaches. In der Gründerzeit wurde sie mit Zinshäusern verbaut, von denen Nr. 11 und 9 / Ecke **Khünplatz** durch ihre palaisartigen Fassaden auffallen. Auf dem Areal der bulgarischen Botschaft, Nr. 7, wurde 1994 die erste bulgarisch-orthodoxe Kirche Wiens, „Zum hl. Iwan Rilski", nach traditionellen Vorbildern errichtet.

Den Blickpunkt des **Rilkeplatzes**, im spitzen Winkel zwischen Margaretenstraße und Wiedner Hauptstraße, bildet seit 1963 der historistische Schutzengelbrunnen. Die Hofopernarchitekten Eduard van der Nüll und August Siccardsburg hatten ihn – für die Ausführung in Gußeisen – entworfen. Als Auslaufbrunnen der Kaiser-Ferdinands-Wasserleitung stand er vor der Paulanerkirche „Zu den hl. Schutzengeln". An seiner Stelle wurde im Dreiecksplatz zwischen Wiedner Hauptstraße und Favoritenstraße eine barocke Maria Immaculata von einem im 9. Bezirk abgebrochenen Haus aufgestellt. Die Paulanerkirche wurde 1651 geweiht. Die Besitzungen des Klosters lagen zwischen Paulaner- und Floragasse. Um dem Fastengebot besser nachkommen zu können, legten die Mönche große Fischteiche an. Zu ihrem Unterhalt verkauften sie auch Fische und aus diesen hergestellte Würste. Im Zuge der josefinischen Reformen wurde die Paulanerkirche zur Pfarrkirche, der Orden aber aufgehoben und die Gründe parzelliert. Anstelle des Klostergartens entstand der Mozartplatz als klassizistischer Platz im Schnittpunkt des Straßenkreuzes von **Mozartgasse** und Neumanngasse. Von der damaligen Verbauung stehen die Häuser Nr. 3, 5, 7 und 9. Um die Jahrhundertwende erhielt der Platz durch den Papagenobrunnen einen Mittelpunkt. Seine Architektur stammt von Otto Schönthal, die Figurengruppe (Tamino und Pamina) schuf Carl Wollek. Nr. 4, ein 1908 erbautes Eckhaus, zeigt an der Fassade Musiker-Medaillons. Das gleichzeitig entstandene Strauß-Theater bot 1200 Besuchern Platz. Es wurde 1931 zum Scala-Kino umgebaut, in den fünfziger Jahren demoliert und später durch eine Wohnhausanlage ersetzt.

Bei der Umgestaltung des 1775 erbauten Paulaner-Zinshauses, **Wiedner Hauptstraße** 37 / Ecke Floragasse, als Biedermeierwohnhaus blieb das alte Portal erhalten. Auch den Dreiecks-platz, bei der Abzweigung Nr. 55 / Schaumburgergasse 2, ziert ein Brunnen. Der Engelbrunnen ist nach seinem Stifter, Viktor Engel, benannt. 1893 enthüllt, zeigt das Werk des Bildhauers Anton Wagner die Sage von der Teufelsmühle am Wienerberg: Die junge Müllerin triumphiert über einen Räuber und seinen Komplizen. Das Haus Nr. 36 / Ecke Waaggasse, zählt zu den wenigen Bürgerhäusern im Stil des romantischen Historismus in Wien. Es trägt das Hauszeichen „Zu den zwei goldenen Löwen" und enthält im Stiegenhaus einen Fisch-Brunnen und eine über-lebensgroße weibliche Gestalt. Der finnische Tondichter Jan Sibe-lius wohnte bei den „Zwei goldenen Löwen". Nr. 32, „Zum silber-nen Löwen", war hingegen das Wohn- und Sterbehaus Christoph Willibald Glucks. Zeitgenössischen Berichten zufolge war das einstöckige Haus geräumig und hatte eine Front von sieben Fen-stern. In der Mitte befand sich ein großer Saal, den Gluck mit kunstvoll geschliffenen Glasspiegeln aus Belgien ausstatten ließ. An den Wohntrakt schloß ein Garten mit schattigen Bäumen und Blumenrabatten an. An der Gartenmauer befand sich ein idylli-scher Pavillon, der bevorzugte Arbeitsplatz des Komponisten. Gluck leitete eine Reform der Oper ein, indem er Inhalt, Form und Ausführung zu einem Gesamtkunstwerk verband. Die Reformoper „Alceste" erlebte 1767 in Wien ihre Uraufführung. Im Haus Wiedner Haupt-straße 32 lebte der Kom-ponist von 1752 bis zu seinem Tod im Jahr 1787. Es ist jetzt ebenso wie Nr. 30, das einen ba-rocken Runderker auf-weist, im Besitz des Roten Kreuzes. Hinter den re-staurierten Fassaden be-findet sich eine moderne Blutspende- und Einsatz-zentrale.

Ausgangs- und Endpunkt ist die U-Bahn-Station Karlsplatz. Der Platz an sich bietet schon eine Menge Sehenswertes: Die Karls-kirche, die evangelische Schule, ein Werk von Theophil Hansen, Denkmäler, Historisches Museum (Di – So 9 – 16.30) mit seinem Ausstellungsraum im Otto-Wagner-Pavillon (1.4. – 31.10 Di – So 9 – 12.15 + 13 – 16.30), Kunsthalle Wien.

Rund um den Margaretenplatz

Der fünfte Bezirk verdankt seinen Namen einer frühchristlichen Märtyrerin. Margareta von Antiochia war die Patronin der Kapelle im Gutshof, dem Zentrum der mittelalterlichen Siedlung.

Pilgramgasse und -brücke bilden eine wichtige Verbindung zwischen dem 5. und 6. Bezirk. Otto Wagner plante das Stationsgebäude für die Wientallinie der Stadtbahn im Zuge der ab 1895 durchgeführten Wientalverbauung. Die meisten Häuser stammen aus der Gründerzeit, z.B. Nr. 22, 12 / Ecke Schönbrunner Straße mit zwei Figuren an der Hausecke, 10, 9, 8, 4. Nr. 3, das „Bachmann'sche Stiftungshaus", besitzt eine Pietà in einer Nische über dem Portal. Als die aus Steyr stammende Besitzerin 1856 86jährig in Wien starb, widmete sie ihr Haus „den Armen des Pfarrbezirks St. Josef in Margarethen".

Den Brunnen auf dem **Margaretenplatz** mit der Figur der Heiligen, die über den Drachen triumphiert, hatten die Bürger aus Dankbarkeit gegenüber Kaiser Franz gestiftet. Er erlaubte ihnen 1829 die Mitbenützung der Hofwasserleitung, die von den Quellen der Siebenbrunnenwiese in den Schweizerhof führte. Sonst gab es in Margareten keinen öffentlichen Brunnen. Rund um den Platz liegt der historische Kern des Bezirkes. 1395 errichtete Rudolf von Tirna mit Frau und Bruder eine Kapelle in seinem Gutshof. Mit einem mächtigen Turm wirkte dieser zwar wehrhaft, doch überstand er die Erste Türkenbelagerung nicht. 1555 kaufte der Erzbischof von Gran, Nikolaus Olah, den zerstörten Bau, ließ ihn instandsetzen und einen großen Garten anlegen. Er berief Siedler nach Margareten und gründete in der Nähe die (nach ihm be-

Die Statue bei der St. Josefs-Kirche zeigt die frühchristliche Märtyrerin Margareta als Siegerin über den Teufel

nannte) Ortschaft Nikolsdorf. Eine Gedenktafel am Haus Nr. 3 in lateinischer Sprache ruft die wechselvolle Geschichte in Erinnerung. Haus Nr. 2 entstand gegen Ende des 18. Jhs. und wurde im Revolutionsjahr 1848 umgebaut. Der Hof zeichnet sich durch eine breite Einfahrt und Pawlatschengänge aus.

Ecke **Margaretenstraße** 84 / Strobachgasse 2 steht der 1898 in Form eines Renaissancepalastes erbaute Jubiläumshof mit seinem großzügig gestalteten Foyer, in dem sich eine antikisierende Statue befindet. Haus Nr. 82 wurde 1911 errichtet und ebenfalls üppig ausgestattet. Bei Haus Nr. 78 fallen nicht nur die secessionistische Fassade und das elegante Stiegenhaus auf, sondern auch das Film-Casino. Albrecht Hrzan, Elsa Prochazka und Silvin Seelich haben das 1954 – 1959 etablierte Kino 1989 stilgerecht erneuert.

Der Verlauf der **Schloßgasse** markiert die Begrenzung des Margaretner Schlosses und seines 1786 parzellierten Gartens. Wichtige Teile des Ensembles wurden in den vergangenen Jahren revitalisiert, z.B. Nr. 23, 21 „Zur Landeskrone" mit dem Restaurant „Zum silbernen Kegel" und dem Gastgarten, in dem alte Linden und Kastanienbäume wachsen. Bei Nr. 15 steht als Naturdenkmal der letzte Maulbeerbaum aus Maria-Theresianischer-Zeit. Um die heimische Seidenindustrie zu fördern, wurden im ehem. Schloßgarten jene Bäume gezogen und gratis abgegeben, auf denen die Maulbeerspinner gedeihen. Die Baumschule bestand 35 Jahre lang. Nach ihrer Auflassung wurde die Gartengasse trassiert, das Schloß als Metallwarenfabrik und Buchdruckerei genutzt. In Gegensatz zu den Vorstadthäusern mit ihren Pawlatschenhöfen und kleinen Fabrikstrakten im Hinterhof steht Haus Nr. 14. Das 1912 / 1913 für „Bothe & Ehrmann – Kunst und Dekoration" errichtete Wohn- und Geschäftshaus hat Ernst Epstein im Stil der Zeit großzügig gestaltet.

In der **Hofgasse** Nr. 5, 7 und 9 besteht noch die josephinischbiedermeierliche Bebauung im Bereich des ehem. Schloßgartens.

Symbolischer Nachfolger des Schlosses ist der historistische **Margaretenhof**, Margaretenplatz 4 / Pilgramgasse 1 / Margaretenstraße 86. 1884/85 planten die Theaterarchitekten Ferdinand Fellner und Hermann Hellmer den Baukomplex mit 100 Wohnungen in mehreren kulissenartig angeordneten dreistöckigen Häu-

Die ehemalige „Vorwärts"-Druckerei, Rechte Wienzeile 97

sern. Von der Margaretenstraße führt um die Ecke zur Pilgramgasse eine Allee; Schmiedeeisentore schließen sie ab. Die Zäune der hofseitigen Vorgärten passen zu den Fassaden der Häuser, die gotisch-burgartig mit diagonal gestellten Ecktürmen und Erkern oder renaissance-ähnlich nach niederländischen und italienischen Vorbildern gestaltet sind.

An der barocken Pfarrkirche „Zum hl. Josef", Ecke **Schönbrunner Straße** / Ramperstorffergasse, verweist eine Gedenktafel darauf, daß der Leichnam Franz Schuberts 1828 in dieser Kirche eingesegnet wurde. Vor dem Gotteshaus stehen vier barocke Heiligenfiguren aus Sandstein. Im Amtshaus (Nr. 54) ist das Bezirksmuseum untergebracht.

Dem alten Sonnenhof, einem gräflichen Besitz, der unter Maria Theresia als Spital und Armenhaus gewidmet wurde, verdankt die **Sonnenhofgasse** ihren Namen. Der 1896/97 erbaute Sonnenhof, Nr. 6, ist ein überaus prächtiges Zinshaus mit einer verglasten Metall-Veranda.

Auf der **Rechten Wienzeile** 97 wurde von Hubert und Franz Gessner 1907 ein Büro- und Druckereigebäude geplant; stilistischer Vorläufer der Gemeindebauten der Zwischenkriegszeit. Figuren von Anton Hanak, die arbeitende Menschen darstellen, flankieren die Uhr auf dem markanten Treppengiebel. Nach der Absiedlung der Druckerei wurde der denkmalgeschützte Haupttrakt revitalisiert und die Produktionsstätten durch Neubauten (z. T. Hotel) ersetzt. In den Redaktionsräumen befindet sich nun das „Vorwärts Studien- und Forschungszentrum der österreichischen Arbeiterbewegung". Im alten Haus „Zum schwarzen Bären", Nr. 93, wurde 1886 Jean Julier, der Publikumsliebling Hans Moser, geboren. Bei Haus Nr. 85 steht eine Statue des Wasser- und Brückenpatrons Johannes Nepomuk, die sich zuvor am Wienflußufer befand.

Ausgangs- und Endpunkt dieses Rundganges ist die U4-Station Pilgramgasse. Öffnungszeiten: Bezirksmuseum Margareten, Schönbrunner Straße 54 (Do 16 – 18). „Vorwärts"-Studien- und Forschungszentrum, Rechte Wienzeile 97, Archiv und Lesesaal (Mo, Mi, Do 10 – 16, Di 10 – 19)

uf der Laimgruben

Mariahilfer Straße und Gumpendorfer Straße sind alte Fernverkehrswege Richtung Westen, waren aber jahrhundertelang nur durch wenige Gassen miteinander verbunden. Eine Regulierung dieser Gegend erfolgte erst 1905 – 1907.

Das Geburtshaus von Ferdinand Raimund, **Mariahilfer Straße 45**, ist eines der Durchhäuser, die in Aneinanderreihung mehrerer Stiegenhäuser und Höfe dem Ortskundigen Umwege ersparen. Das Wohnhaus „Zum goldenen Hirschen" stammt aus dem Ende des 18. Jhs., wurde in der Gründerzeit umgebaut und 1991/92 als Einkaufspassage revitalisiert. Es verbindet die Mariahilfer Straße mit der Windmühlgasse.

Auf dem Stadtplan fällt der verwinkelte Verlauf der Straßen und Stiegen in diesem Grätzel auf, das zu den ältesten unserer Stadt zählt. Im Schutz befestigter Klöster entstanden im Mittelalter kleine Häuser in Gärten und Weinbergen. So auch beim Theobaldkloster, das sich im Bereich Windmühlgasse, Theobaldgasse 15 – 19, Fillgradergasse 10 – 16, Capistrangasse 2 – 4 befand. Bis zur Ersten Türkenbelagerung waren hier Bauern, herzogliches Gesinde und Handwerker ansässig. 1451 rief Kaiser Friedrich III. Franziskaner nach St. Theobald. Mit ihnen kam der Bußprediger Johannes Capistran, der auch zum Kreuzzug gegen die Türken aufrief. Er reformierte das Kloster, das bald 200 Männer aufnahm. Seine Predigten hatten großen Zulauf – und waren legendenumwoben. So berichtet die Sage von „Blitzaug, dem Bettlerkönig". Dieser habe den Geistlichen verspottet, sei in der Folge vom Blitz getroffen worden und für den Rest seines Lebens blind,

Anna Maria Fillgrader begründete eine Stiftung für verarmte Bürger. Gasse und Stiege sind nach ihr benannt

taub und stumm geblieben. In der ersten Türkenbelagerung wurde das Kloster zerstört.

Der Straßenname Capistrangasse erinnert an den wortgewaltigen Pater, **Windmühlgasse** an den Plan, auf den öden Gründen Windmühlen zu errichten und Laimgrubengasse an die lehmigen Böden, die zur Ziegelerzeugung genutzt wurden. Als Pfarrkirche folgte in der Windmühlgasse St. Josef auf St. Theobald. Der bestehende Bau wurde erst 1907 errichtet, allerdings in den gleichen Formen und mit derselben Einrichtung wie die aus dem Jahr 1692 stammende Kirche, die der Regulierung im Weg war. Damals entstanden großzügige Wohnbauten und Stiegenanlagen.

Die **Fillgrader-Stiege** überwindet den – früher noch größeren – Höhenunterschied zwischen Wiental und Mariahilfer Straße. Die **Königsklostergasse** verläuft anstelle der berüchtigten Bettlerstiege, wo Blitzaug sein Unwesen getrieben haben soll. Der Straßenname erinnert an den Meierhof des Königsklosters, in dem man die Armen mit Klostersuppe labte.

Eine markante Ecke bildet das Wohnhaus **Lehárgasse** 10 / Gumpendorfer Straße 11 – 13. Die Architekten Groß und Jelinek planten es 1880 mit einem Café, das sich zu einem beliebten Künstlertreffpunkt entwickelte. 1897 konstituierte sich darin die „Vereinigung bildender Künstler Österreichs Secession", deren Ausstellungshalle im selben Jahr in nächster Nähe nach Plänen von Joseph Maria Olbrich entstand. Ein secessionistisches Geschäftshaus (Nr. 9 – 11) baute Max Fabiani (zugleich mit der Wiener Urania) für die Kautschuk verarbeitende Firma Reithoffer. Die Dekorationen des Straßenhofes nehmen auf die Branche Bezug. Die Telefon-Zentrale, Nr. 7, weist im Hausflur eine Reliefdarstellung Kaiser Franz Josephs auf. Carl Hasenauer und Gottfried Semper errichteten 1873 das K.K. Hoftheaterdepot Nr. 6 – 8 als funktionellen Nutzbau in Sichtziegelbauweise. Der runde Innenraum wird durch die Stützkonstruktion mit Gußeisensäulen bestimmt.

Die **Millöckergasse** führt zum alten Hauptportal des Theaters an der Wien. Im Papagenotor ließ sich der damalige Direktor,

Schaupieler und Textdichter Emanuel Schikaneder in einer Sand-
steinplastik verewigen. An Ludwig van Beethoven, der im Theater
an der Wien wohnte, während er die Oper „Fidelio" komponierte,
erinnert eine Gedenktafel. Die Lehárgasse mündet in den Getrei-
demarkt, an dem sich die Secession befindet.

Das Glacis lag durch Jahrhunderte unverbaut vor der Stadt.
Die **Rahlgasse** begrenzte die Vorstadt, wurde aber erst 1866
als Verbindung zwischen Gumpendorfer und Mariahilfer Straße
eröffnet. Am oberen Ende der 1870 vollendeten Rahlstiege steht
seit 1886 der Gänsemädchenbrunnen, der sich zunächst am
Gänsemarkt auf der Brandstätte, nach dessen Auflassung vor
der Mariahilfer Kirche befunden hatte und dort dem Haydn-
Denkmal Platz machen mußte. Den Brunnen flankieren repräsentative, mit Turmaufsätzen versehene Miethäuser aus der
Spätgründerzeit (**Mariahilfer Straße** 1 b – d). Der weitläufige
Gebäudekomplex der ehem. Hofstallungen Nr. 2 / Messeplatz ist
eine der bedeutendsten Barockanlagen Wiens. Johann Bernhard
Fischer von Erlach begann 1723 mit der Ausführung des Baues,
der bis in die Gegenwart Veränderungen erfuhr. Unter anderem

Die Secession: Wegweiser des Wiener Jugendstils

findet man hier das Tabakmuseum. Die 1854 errichtete Reit-
halle wird als *„Hauptwerk des frühen Romantischen Historismus und frühes Beispiel historistischer Barockrezeption in
Wien"* bezeichnet. Die geraden Hausnummern gehören zum
7. Bezirk. Der untere Teil der Geschäftsstraße wird von den
Seitenfronten der Hofstallungen und der Stiftskaserne dominiert. Die Garnisonskirche „Zum hl. Kreuz", Ecke Stiftgasse,
geht vermutlich ebenfalls auf Pläne Fischer von Erlachs zurück.
Der letzte der zahlreichen Umbauten erfolgte in den sechziger
Jahren durch Arkadierung – seither verläuft der Gehsteig unter
der Orgelempore. Die meisten Wohnbauten, Büro- und Kaufhäuser
sind repräsentativ gestaltet, wie z. B. der 1911 errichtete Straßenhof „Zum grünen Kranz", Nr. 47 mit Neo-Empiredekor, Nr. 49 mit
Mosaiken oder der Industrie-Hof Nr. 51. 1966 kommentierte eine
bezirksgeschichtliche Publikation die Entwicklung so: *„Seitdem
nach der Revolution von 1848 die Industrie die bisher vorherr-
schenden Handwerker und kleinen Gewerbetreibenden zu-
rückdrängte, entwickelte sich die Mariahilfer Straße immer mehr
zur führenden Geschäftsstraße Wiens. Das steigende Angebot
der Erzeugung mußte auch an den Konsumenten herangebracht
werden; daher schossen einerseits immer neue Geschäfte aus
dem Boden und anderseits vergrößerten sich die bestehenden
alten Firmen. Mehrstöckige Häuser* mit protzigen und prunk-
vollen Fassaden traten an die Stelle der einheitli-
chen, geschlossenen Häu-
serfront. Die Geschäfts-
portale wurden immer
größer und pompöser, und
die ersten Warenhäuser
im modernen Stil lösten
die als altmodisch emp-
fundenen Ladengeschäfte
ab."

**Ausgangs- und Endpunkt dieser
Exkursion ist die U3-Station Neu-
baugasse. Wenn Sie sich für
kulturelle Genüsse Zeit nehmen
wollen, bieten sich die wechseln-
den Ausstellungen in der
Secession, in der Kunsthalle Wien
und in der Akademie der Bilden-
den Künste an. Öffnungszeiten
im Tabakmuseum, Mariahilfer
Straße 2: Di, Mi, Fr 10 – 17,
Sa, So 9 – 13.**

Pestgruben und Beisel

Burggasse, Breitegasse, Siebensterngasse und Stiftgasse begrenzen die berühmt-berüchtigte Vorstadt Spittelberg: In jedem zweiten Haus befand sich eine Gastwirtschaft, wo die Besucher nicht nur Speisen und Getränke konsumierten.

In der **Breitegasse** steht das „kleinste Haus von Wien". Es hat nicht einmal eine Hausnummer, sondern ist an das Barockhaus Nr. 18 „Zum weißen Hirschen" angebaut. Haus Nr. 16, „Zum Annaberg", wurde Ende des 18. Jhs. errichtet. Nr. 15, „Zur hl. Dreifaltigkeit", zeigt eine Biedermeierfassade. Nr. 11 ist ein barockes Bürgerhaus.

An der **Kirchberggasse** 31 / Burggasse 6 – 8 verweist die kugelförmige Eckkuppel mit ihrem Zierat auf den Namen des späthistoristischen Zinshauses „Zur Kaiserkrone". Jenseits der Burggasse ist der ältere Teil von Bauten aus der Barock- und Biedermeierzeit bestimmt: Nr. 4, 11, 13, 14 (mit barocker Marienkrönung), 15, 16, 17, 22, 24, 25, 26, 27.

Die Ensemblewirkung der **Gutenberggasse** ist zwar durch spätere Bauten beeinträchtigt, doch gibt es noch eine Menge sehenswerte revitalisierte Bürgerhäuser: Nr. 7 / Spittelberggasse 8, Nr. 10 / Kirchberggasse 11, Nr. 12 / Kirchberggasse 13. Nr. 13, „Zum weißen Löwen", zeigt an der Ecke als Hauszeichen einen stattlichen Löwen, der eine Inschrifttafel trägt. Das Chronogramm ergibt das Erbauungsjahr 1723. Im Gewölbe des Flurs erinnert ein Spruch an die Überlieferung, daß Joseph II. bei einem Lokalaugenschein von der Wirtin recht unsanft vor die Tür gesetzt worden sei. Sehenswert die Häuser Nr. 14 / Kirchberggasse 15,

Nr. 16 / Kirchberggasse 17 und Nr. 17, dessen Pawlatschengang sich nicht in einen Hof, sondern zur Spittelberggasse hin öffnet; weiters Nr. 19, 21, 25, 28, 29 / Burggasse 13.

Die **Spittelberggasse** beinhaltet eine Reihe kleinerer Häuser mit Pawlatschenhöfen. Bei Nr. 9 brachten die Restauratoren seltene perspektivische Fassadenmalereien zutage. Nr. 11 zeichnet sich durch reiche Stuckdekorationen und eine barocke Marienstatue aus. Nr. 20 weist eine plastische Darstellung des hl. Josef auf. Nr. 22 und 24 entstanden vor 1700.

Genau 300 Jahre nach der Anlage der Vorstadt begann 1975 die Revitalisierung des Spittelbergs als Künstlerviertel. Sein Kultur- und Kommunikationszentrum ist das Amerlinghaus **Stiftgasse** 8 / Schrankgasse 1. Das Gebäude mit dem stimmungsvollen Hof, dessen 200 Jahre alter Weinstock ein dichtes Blätterdach bildet, stammt aus der Zeit um 1700. 1803 wurde bei den „drei Herzen" der Portraitmaler Friedrich Amerling geboren. Auch das Nachbarhaus Nr. 10 / Schrankgasse 3 ist ein barockes Pawlat-

schenhaus mit Innenhof. „Zum heiligen Vincenz" benannt, zeigt es an der Fassade Steinfiguren von Heiligen und mythologischen Gestalten. Nr. 19, 29, 31 und 33 stammen aus dem Biedermeier.

In der **Burggasse** 33 öffnet sich das Haustor zu einer anderen Welt. Hinter der palaisartigen Fassade eines Gründerzeithauses aus 1874 mit seinem bemerkenswerten Foyer und langgestreckten Pawlatschenhof versteckt sich eine Grünoase. Ein gutes Dutzend idyllischer Gärtchen wird von den Mietern liebevoll gepflegt. Auf der gegenüberliegenden Straßenseite steht seit

Hof des Hauses „Zum schwarzen Ochsen", Spittelberggasse 7

dem Pestjahr 1713 hinter der Ulrichskirche eine prächtige Dreifaltig-keitssäule.

Der **Sankt-Ulrichs-Platz** ist ein altes Siedlungszentrum. Die legendäre Entstehungsgeschichte der Vorstadt St. Ulrich reicht bis in die Zeit des Herzogs Heinrich Jasomirgott zurück. Er soll hier die erste Kapelle gestiftet haben. Von der Neustiftgasse aus gese-hen thront die Pfarrkirche auf einer Freitreppe, deren 24 Stufen von vier Heiligenstatuen flankiert werden. Der Platz bildet eines der hübschesten Altstadtensembles Wiens. Hier sind nicht nur die alten Bürgerhäuser revitalisiert, sogar die Geschäftsportale an den Wohnbauten der Jahrhundertwende haben sich erhalten. Haus Nr. 2, „Zu den zwölf Himmelszeichen", wurde um 1750 als Perichtoldsgadenhof erbaut. Mitte des 19. Jhs. diente das Barock-haus mit dem Laubenhof als Schule. Die Baugeschichte des Hau-ses Nr. 4 / Neustiftgasse 11 – 17 reicht bis ins Mittelalter zurück: Der Neudeggerhof stand auf einer Insel im Ottakringer Bach. Das zweistöckige Giebelhaus Nr. 5 / Neustiftgasse 29 diente zeitweilig als Gemeindehaus.

Revitalisierte Vorstadthäuser am Spittelberg

Auf der **Neustiftgasse** 27 steht ein restauriertes Pawlatschen-
haus, das im Kern ebenfalls auf das 16. Jh. zurückgeht. An seiner
Fassade befindet sich eine Barockfigur des hl. Johannes Nepomuk.
Haus Nr. 33/ Ulrichsplatz 6 aus dem Jahr 1896 fällt durch seine
in elegantem Braun, Weiß und Gold gehaltene Fassade auf. Bei
Nr. 32 – 34/ Kellermanngasse 1 erinnern eine Reiterstatue und
eine Gedenktafel an die zweite Türkenbelagerung. Bei St. Ulrich
soll sich das Hauptzelt Kara Mustaphas befunden haben, als er
1683 mit 160.000 Mann Wien belagerte. Im Fabrikstrakt des Hauses richteten Josef Hoffmann und Kolo Moser 1903 das Atelier der
Wiener Werkstätte ein. In einer kleinen Grünanlage vor dem Haus
steht das Denkmal für den lieben Augustin, den sagenhaften Sack-
pfeifer, der fröhlich einer Pestgrube entstieg. Im Haus Nr. 16 führt
ein „freiwilliger Durchgang" zur Lerchenfelder Straße 13. Das 1848
– 1856 errichtete Gebäude umfaßt drei Höfe und sechs Stiegenhäuser.

Die **Mechitaristengasse** ist vor allem wegen der Kirche und
des Klosters der armenischen Mönche bemerkenswert, die hier
seit 1810 eine polyglotte Druckerei mit orientalischem Satz be-
treiben. Die Klosterbibliothek umfaßt 2000 alte Handschriften, die
Münzensammlung 30.000 Objekte. Die Gottesdienste werden
nach altarmenischem Ritus gefeiert. Außerdem befinden sich eine
Reihe josephinischer Vorstadthäuser in dieser Gasse: Nr. 3, 5 (Geburtshaus von Josef Lan-
ner), 6, 7, 9.

Ecke **Neustiftgasse** 11/
Gardegasse 15 ließ sich
die Salondame des Volks-
theaters, Helene Girardi-
Odilon, 1899 ein Haus
bauen, das noch ganz das
Flair der Ringstraßenge-
sellschaft vermittelt.

**Ausgangs- und Endpunkt dieser
Runde ist die Station Volkstheater
der U-Bahn-Linien 2 und 3. Diese
Haltestelle ist auch die nächste
zum Naturhistorischen Museum,
Burgring 7 (Mi – So 9 – 18) und
Kunsthistorischen Museum,
Burgring 5 (Di – So 10 – 18).
Öffnungszeiten des Bezirks-
museums Neubau im Amerling-
haus, Stiftgasse 8: Do 18 – 20,
So 10 – 12**

raues Haus und schöner Garten

Der erste Eindruck der Josefstadt, von der Floriani-gasse aus betrachtet: Strenger Klassizismus und un-barmherzige Beamtenarchitektur. Erst auf den zwei-ten Blick zeigt sich die Gegend biedermeierlich-lieb-lich.

Das Landesgericht (Landesgerichtsstraße 9a – 11 / Frankhplatz 1) heißt wegen seiner Farbe und Trostlosigkeit auch Graues Haus. Als Magistratisches Kriminalgericht wurde es 1839 seiner Be-stimmung übergeben. Johann Fischer hatte es als „sprechende" Architektur konzipiert. Schon durch das festungsartig abge-schrägte Sockelgeschoß und das massive Mauerwerk wirkt die Anstalt abschreckend. Eine Gedenktafel erinnert an die mehr als 1000 Männer und Frauen, die 1938 – 1945 wegen ihrer Über-zeugung, ihrer Herkunft oder wegen ihres Glaubens im Landes-gericht enthauptet wurden.

An der Südseite des Gefangenenhauses führt die **Floriani-gasse** stadtauswärts. Bis 1862 war sie die Grenze zwischen den Bezirken Josefstadt und Alsergrund. Den Eingang bilden reprä-sentative, mit Balkonen versehene Zinshäuser aus dem Bieder-meier. In Nr. 2 kündet eine Tafel im Hausflur von der Stiftung des 1899 verstorbenen Notars Peter Gasser zugunsten des Pensions-instituts seiner Standesangehörigen und deren Witwen und Wai-sen. In Nr. 8 / Schlösselgasse 6 ist das Bezirksgericht Josefstadt untergebracht. Zuvor befand sich hier das Haus „Zum goldenen Schlössel", später das Hotel Hammerand. Gedenktafeln erinnern an prominente Gäste. Ludwig Zamenhof, der die Kunstsprache Esperanto erfand und der Friedensnobelpreisträger Albert

Das Piaristengymnasium: eine traditionsreiche Schule

Schweitzer, Theologe, Arzt und Philosoph, wohnten im Hotel Hammerand. In Nr. 10 starb 1812 der Direktor des Theaters an der Wien und Dichter der „Zauberflöte", Emanuel Schikaneder. Nr. 13 hieß in der Barockzeit „Zum schönen Garten". Dieser schrumpfte, als die Bäckerinnung 1898 den Besitz erwarb. Sie beauftragte den Theaterarchitekten Ferdinand Fellner mit dem Bau eines Hoftraktes, der einen historistisch-üppig ausgestatteten Sitzungssaal enthält. Das Innungsarchiv reicht bis ins 15. Jh. zurück. Im Hof steht ein gotischer Tabernakelpfeiler. 1506 stiftete ein Bäckermeister das Kreuz, das am Schaft die Nachbildung eines Brezels trägt.

Die **Lammgasse** ist durch eine einheitliche Verbauung mit hohen Zinshäusern im Stil des Späthistorismus und Secessionismus charakterisiert.

Die **Lange Gasse** war die alte Hauptstraße der Josefstadt. Der Schönbornpark blieb als letzter Rest des Barockgartens, der sich beim Palais befand, das Johann Lukas von Hildebrandt (Laudongasse 15 – 19) für den Reichsvizekanzler und späteren Bischof von Würzburg, Friedrich Karl Graf Schönborn, baute. Der einstige Treffpunkt des Hochadels ist seit 1920 als Österreichischisches Museum für Volkskunde in Verwendung. 1994 erfolgte eine Neuaufstellung. Haus Nr. 53 wurde um 1700 als Palais mit einem Ehrenhof für Karl August v. Damian erbaut und 1774 von Matthias Gerl erweitert. Das Biedermeierhaus Nr. 51 trug die Bezeichnung „Zur goldenen Treßborte". An Nr. 49 zieren Wappen und Ornamentkacheln die Fassade des 1904 erbauten Hotels.

Die **Maria-Treu-Gasse** führt zum **Jodok-Fink-Platz**, auf dem sich die Piaristenkirche erhebt. Die Ordenskirche entstand vermutlich nach Plänen von Johann Lukas von Hildebrandt. Der ovale Innenraum mit den Deckenfresken von Franz Anton Maulbertsch vermittelt einen ungewöhnlich feierlichen Raumeindruck. In der Mitte des Platzes befindet sich eine Pestsäule aus 1713, die eine Maria Immaculata zeigt. *„Da stehen in düsterem und dennoch so anheimelndem Grau zur linken Hand die Volksschule, zur rechten das Gymnasium. Piaristenplatz, Ziel des täglichen Schulweges durch zwölf Jahre eines Knabenlebens!"* erinnerte sich Anton Wildgans, der als „Kind der Stadt" seiner Heimat Wien und besonders der Josefstadt ein literarisches Denkmal setzte.

Das Haus „Zur hl. Dreifaltigkeit", Lange Gasse 34, weist einen stimmungsvollen Hof mit Pawlatschengängen auf.

Wenige Schritte voneinander enfernt, befinden sich in der **Lange Gasse** das Bezirksmuseum Josefstadt (Nr. 40/ Schmidgasse 18) und seine Außenstelle, die „Alte Backstube" (Nr. 34) in revitalisierten Gebäuden. Das Hauszeichen der „Backstube" ist eine prächtige barocke Dreifaltigkeit. Die Exponate aus der Geschichte des Bäckereigewerbes sind in einen Restaurantbetrieb integriert. Das Eckhaus zur **Schmidgasse** war das alte Gemeindehaus der Josefstadt. Sein restaurierter Empiresaal mit der klassizistischen Stuckdecke steht nun wieder für kulturelle Veranstaltungen zur Verfügung. In der Schmidgasse und **Buchfeldgasse**, die sich in einem typischen Biedermeierplatz kreuzen, überwiegt die Verbauung mit Zinshäusern aus dem Vormärz und der Frühgründerzeit.

Die **Lenaugasse** bildet ein sehenswertes Altstadtensemble. Die Häuserzeile mit den ungeraden Nummern war bis in die dreißiger Jahre des 19. Jhs. die Grenze der Josefstadt gegen das unverbaute Glacis. Erst dann gab die Militärbehörde auch die rechte Straßenseite zur Verbauung frei, die in den vierziger Jahren einheitlich erfolgte. Die Widmungsänderung stand im Zusammenhang mit dem Bau des Kriminalgerichts und des Militärgeographischen Instituts. Dieses (Friedrich-Schmidt-Platz 3) stockte man 1870/71 auf. Dabei erhielt es seinen turmartigen Aufbau mit einem vergoldeten Globus, der, wie Wildgans beschreibt, täglich um 12 Uhr hochgezogen wurde.

Die Lenaugasse mündet in die **Tulpengasse**. Bei Nr. 6 / Wickenburggasse 1 entstand das „Schlosserplatzl" mit einer Nachbildung des legendären „Stock im Eisen". Nr. 1 / Friedrich-Schmidt-Platz 5 zeigt das Bürohaus, in dem sich das Kulturamt der Stadt Wien befindet; im Stiegenhaus Jugendstilfliesendekorationen von Franz Barwig. Den **Floriani-Park** ziert eine „Stehende Figur", die Fritz Wotruba um 1960 schuf.

Dieser Spaziergang beginnt und endet bei der U2-Station Rathaus. Öffnungszeiten der Museen: Österreichisches Museum für Volkskunde, Laudongasse 15 – 19 (Di – Fr 9 – 17, Sa 9 – 12, So 9 – 13), Bezirksmuseum Josefstadt, Schmidgasse 8 (Mi 19 – 20, So 10 – 12). Alte Backstube, Lange Gasse 34 (Di – Sa 9 – 24, So + Fei 14 – 24)

Wo die Wäschermädel wohnten

Die Wäschermädel: das idealisierte wienerische Selbstbild – resch, fesch, musikalisch und immer gut gelaunt, charmant und schlagfertig. Bis vor 100 Jahren war der Himmelpfortgrund ihre Heimat.

Das Haus „Zum roten Krebsen", **Nußdorfer Straße** 54, ist ein einstöckiges Vorstadthaus mit Hof und Garten. Hier wurde am 31. Jänner 1797 Franz Peter Schubert als 12. Kind des Lehrers Franz Schubert und seiner Frau Maria Elisabeth, geb. Vietz, geboren. Franz Peter sollte noch sieben Geschwister bekommen, doch nur 9 der 19 Kinder erlebten das Schulalter. Die Familie übersiedelte 1801 in das nahe Haus **Säulengasse** 3. In diesem, „Zum schwarzen Rössel", arbeitete der Komponist als Schulgehilfe seines Vaters und schrieb innerhalb von drei Jahren vier Symphonien und an die 300 Lieder und Tänze.

Die Säulengasse führt zum **Sobieskiplatz**, dem einstigen Zentrum der Wäschermädel-Kolonie. 1841 kam ein Auslaufbrunnen der Kaiser-Ferdinand-Wasserleitung in seine Mitte. Und auch ein Standbild des Wasserheiligen Johannes Nepomuk fehlte nicht. In der Erinnerung an Alt-Wien lebt der Wäschermädel-Mythos fort; ihr Alltag war freilich hart und gar nicht romantisch. Obwohl nur noch wenige Häuser aus jener Zeit vorhanden sind, bemühte man sich bei der Umgestaltung des Sobieskiplatzes, eine Kopie der „Bassena", des Bassins des Auslaufbrunnens, aufzustellen und der „Johannes mit dem Regendach" genannten Statue einen würdigen Platz zu geben. Das Standbild aus dem Jahr 1824 befand sich seit dem Bau der Bassena in der Nordwest-Ecke und kam später zur Canisiuskirche.

*„Johannes mit dem Regendach" auf dem Sobieskiplatz. Links da-
hinter die Nachbildung der alten Bassena*

Das Gotteshaus hat die Adresse **Lustkandlgasse** 34 / Canisiusgasse 14 – 16. Beim Katholikentag 1896 erwog man, anläßlich des
300. Todestages von Petrus Canisius (1521 – 1597), eine Kirche zu
bauen. Der bekannte Prediger der Gegenreformation wurde vor
allem durch seinen Katechismus berühmt. Allerdings sprach ihn
der Papst erst 1925 heilig, sodaß man für die geplante Kirche ein
anderes Patrozinium suchen mußte. Die Wahl fiel auf den „leiden-
den Heiland am Ölberge und die schmerzhafte Mutter Maria". Die
Kirchenweihe fand am 18. Oktober 1903 statt. Üblicherweise verfü-
gen die Ordenshäuser der Jesuiten weder über Kreuzgänge noch
über einen Klostergarten. Beides ist hier vorhanden – eine Idee des
Architekten Gustav Neumann, der in Wien mehrere Kirchen baute.
Für die zweitürmige Kirche wählte er den Rheinischen Übergangsstil nach Kölner Vorbildern des 12. Jhs. Sie ist 60 m lang, 22 m breit
und hat sechs Seitenkapellen. Durch den Niveauunterschied von
5 Metern ergab sich die Möglichkeit zum Bau einer Krypta mit
einem Fassungsraum von 1000 Personen. Die historistische Ausstattung der Canisiuskirche wurde 1956 radikal modernisiert.

Der Name der **Pulverturmgasse** gemahnt an ein schweres Explosionsunglück anno 1779. Damals befand sich in dieser Gegend ein Magazin für Kriegsmaterial, dessen Inhalt sich entzündete. 67 Menschen kamen ums Leben, der Sachschaden war beträchtlich. In Nr. 7 erinnert ein Glasbild über der Hoftür an die Pulverturmexplosion. Dieses Haus mit gotisierendem Dekor und einer seitlichen Durchfahrt, die Kreuzrippengewölbe aufweist, stammt aus dem Jahr 1900.

Ecke **Lustkandlgasse** 50/ Ayrenhoffgasse 5 – 9 / Sobieskigasse 31 wurde 1923 – 1927 die Kinderübernahmsstelle im Rahmen des Wohlfahrtsprogramms von Stadtrat Univ. Prof. Dr. Julius Tandler errichtet. An der Fassade der Vorhalle zeigt ein Keramik-Relief ein Wickelkind, eine Inschrift kündet vom Wahlspruch des Gründers: „Wer Kindern Paläste baut, reißt Kerkermauern nieder". Daher ließ er die Anstalt nicht nur funktionell, sondern auch künstlerisch gestalten. Als erste ihrer Art in Europa betreute sie zwischen 1925 und 1964 rund 63.000 Kinder und Jugendliche.

Die Einmündung der **Ayrenhoffgasse** in die Nußdorfer Straße wurde mit Grünzonen gestaltet, und einige Häuser, wie Nr. 3 / Sobieskigasse 34, Nr. 12/Sobieskigasse 52, wurden renoviert. Am unteren Ende der **Viriotgasse** steht das Prälatenkreuz in einer Grünfläche vor dem Anton-Schober-Hof, Liechtensteinstraße Nr. 110. Diese Votivsäule stiftete Ambros Lorenz, der damalige Probst des Stiftes von Klosterneuburg. Er befand sich während der Pulverturmexplosion auf

In der Lustkandlgasse 50 entstand die erste Kinderübernahmsstelle Europas

dem Heimweg und kam mit dem Schrecken davon, obwohl sein Wagen umstürzte.

In der Augasse und **Althanstraße** entstand mit der Überbauung des Franz-Josefs-Bahnhofes durch die Architekten-ARGE Glück/Hlaweniczka/Requat/Reinthaller eine Reihe von Universitätsinstituten. Im jüngsten Institutsgebäude der Wirtschaftsuniversität (WU), Althanstraße 39 – 45, finden sich Relikte des ältesten Hauses Lichtentals. Das Liechtenstein'sche Brauhaus wurde 1694 errichtet und produzierte bis 1877 Bier. Einige seiner Gewölbe sind nun in einem Archivraum zu entdecken. Helmut Leherb, der schon für die Halle der WU große keramische Reliefs gestaltet hatte, schuf 1994 ein Kunstwerk im öffentlichen Raum. Der Sitzplatz, dessen Tor eine Dame mit Taube flankiert, Ecke Badgasse 35 und **Reznickgasse**, steht im Kontrast zu den letzten alten Lichtentaler Häusern Nr. 12, 14 und 16.

Die Lichtentaler Pfarrkirche in der **Marktgasse** 40 wird Schubertkirche genannt, weil der Komponist hier getauft wurde, als Musiker tätig war und zwei seiner großen Messen zum erstenmal aufführte. Die barocke Taufkapelle zählt zu den versteckten Juwelen des Gotteshauses, das stilistisch an der Schwelle vom Barock zum Klassizismus steht. Im Aufgang zur Orgelempore befinden sich Exponate des Pfarrmuseums. Die Generalsanierung des Gotteshauses soll bis zum Schubertjahr 1997 abgeschlossen sein. Der Biedermeierhof des Pfarrhauses bildet einen stimmungsvollen Rahmen für Konzerte. Mehrere Stiegenanlagen verbinden die tiefer gelegene Vorstadt Lichtental mit dem ehemaligen Himmelpfortgrund, wo Schuberts Geburtshaus steht, so die kürzlich stilecht instand gesetzte **Vereinsstiege** oder die moderne **Himmelpfortstiege**.

Den Ausgangs- und Endpunkt des Rundganges, Franz Schuberts Geburtshaus, erreichen Sie mit den Straßenbahnlinien 37 und 38, Station Canisiusgasse. Öffnungszeiten der Gedenkstätten: Schubert-Museum, Nußdorfer Straße 54 (Di – So 9 – 12.15 + 13 – 16.30) Taufkapelle und Pfarrmuseum in der Lichtentaler Kirche Marktgasse 40, nach Anmeldung in der Pfarrkanzlei.

Der Alsergrund als Josephs-Stadt

Der neunte wird gern als Bezirk der Dichter und Denker charakterisiert. Wesentlich für diese Entwicklung war die Entscheidung Joseph II., an der Alser Straße ein Allgemeines Krankenhaus zu etablieren.

Seit 300 Jahren prägt die Anlage des Alten AKH den Stadtteil. 1693 ordnete Leopold I. ein Großbauvorhaben an der **Alser Straße** an: ein Invalidenhaus für die Opfer der Türkenkriege. Maria Theresia ließ im Armenhaus Maulbeerbäume für die Seidenproduktion pflanzen. 1768 zählte man 1039 Stück, der Ertrag lag jährlich bei 30 Pfund Seide, die von den Bewohnern versponnen wurde. Joseph II. organisierte das Medizin- und Sozialwesen neu. Schon 17 Monate nach der Absiedlung der Insassen und den notwendigen Umbauten wurde das Spital eröffnet. Lapidar verkündet die Inschrift „Saluti et Solatio Aegrorum" am Portal die Bestimmung des Hauses zum Heil und Trost der Kranken. Die josephinische Anlage umfaßt die heutigen Höfe 1 bis 7 und den Narrenturm (beim 6. Hof). Dieses Gebäude ist im Stil der Revolutionsarchitektur über einem runden Grundriß fünfstöckig ausgeführt und wirkt eher wie eine Festung oder ein Gefängnis als eine Heilanstalt. Im Spitalskomplex befinden sich acht Denkmäler und Freiplastiken, zehn Gedenktafeln, fünf klassizistische Rundbassins und zahlreiche unter Naturschutz stehende Bäume.

Die **Van-Swieten-Gasse** wurde zwischen dem Josephinum und dem Garnisonspital trassiert. Die geraden Nummern zeigen einige josephinische und biedermeierliche Vorstadthäuser: Nr. 2, 4, 8, 10, 14, der „Riedhof", 16 / Währinger Straße 23.

Auf der **Währinger Straße** 25 steht einer der schönsten Nutzbauten Wiens, das Josephinum. Drei Trakte umschließen eine Grünfläche, deren Mittelpunkt der Hygiea-Brunnen bildet. 1787 goß Johann Martin Fischer die Figur der Göttin der Heilkunst aus Blei. Die „medizinisch-chirurgische Josephsakademie" zur Ausbildung der Militärärzte wurde 1785 eröffnet. Eine Bibliothek mit 6000 Bänden, mineralogische, botanische und zoologische Sammlungen standen den Studenten zur Verfügung. Das Glanzstück bildet die 1192 Stück umfassende Sammlung von Wachspräparaten, die unter der Aufsicht zweier Anatomen in Florenz hergestellt wurden. Gegenüber, Nr. 32, zeigt das Sommerpalais Dietrichstein (Clam-Gallas) klassizistische Formen. Die zweigeschossige Villa steht in einem großen Park mit naturgeschützten Bäumen und beherbergt das Lycée français. **Strudelhofgasse** 10 nimmt das ehem. Württemberg-Palais die Stelle des Strudelhofs, der sich im Besitz der bekannten Künstlerfamilie befand, ein. Ferdinand Fellner erbaute das Palais 1874. Die 1910 von Theodor Jaeger errichtete Stiege zählt zu den malerischsten und literarisch bekanntesten Plätzen Wiens.

Liechtensteinstraße 53 – 55, das ehem. Palais Kranz mit seinem am Hang angelegten Garten, erhielt 1914 eine repräsentative Fassade von Friedrich Ohmann und erfuhr genau 80 Jahre später einen groß-

In den Höfen des Alten AKH findet man nicht nur viel Grün, sondern auch das Denkmal seines Gründers

zügigen Umbau. Nr. 51, das 1877 errichtete Haus Szeps, wurde zur Residenz des Schwedischen Botschafters. Nr. 45 und 47 bilden einen Straßenhof. Nr. 46 und 46 a / Porzellangasse 33 und 33 a wurden 1907 als Beamtenwohnhaus erbaut. Zuvor stand hier die Orangerie des Liechtenstein'schen Gartenpalais. Im Barockpalais (Fürstengasse 1) fand das „Museum moderner Kunst" einen stilvollen Rahmen. Haus Nr. 28, „Zur heiligen Dreifaltigkeit", mit der hl. Familie als Segenszeichen hat das Erbauungsjahr 1781.

Otto Wagner plante die Häuser der **Harmoniegasse** ebenso wie das Theater, zu dem sie führte und nach dem sie benannt ist. Der Saal des Harmonietheaters befand sich im Gartentrakt. Die Giebelgruppe – zwei Musen mit Lyra – verrät noch die einstige Bestimmung des Zinshauses **Wasagasse** 33. Diese Gasse ist vor allem durch das Gymnasium, Nr. 10, und das ehem. Palais Wasa, Nr. 12, bekannt.

Name und Verlauf der **Berggasse** erinnern an den steilen alten Donauuferhang. Zumeist verbindet sich mit diesem Straßennamen aber das Gedenken an einen weltweit berühmten Bewohner des Hauses Nr. 19, den Begründer der Psychoanalyse Sig-

Das Gebäude der Nationalbank auf dem Otto-Wagner-Patz stammt vom Wagner-Schüler Leopold Bauer

mund Freud. Seine Ordinationsräume sind als Museum zugänglich. Nr. 16, 1858 als Palais Festetics errichtet, war später Sitz der k.k. Exportakademie, aus der sich die Wirtschaftsuniversität entwickelte.

In der **Schwarzspanierstraße** stand eine Kirche mit einem Kloster der Benediktiner von Montserrat. Ihr Grundstein war 1633 nach einem Gelübde Ferdinand II. vor dem Schottentor gelegt worden. Hinter der mächtigen Barockfassade wurde 1963 anstelle des kriegszerstörten Kirchenschiffs das evangelische Studentenheim Albert-Schweitzer-Haus erbaut. Das anschließende Kloster ersteigerte nach der Auflösung 1781 ein Handelsmann und baute es als Zinshaus um. Ludwig van Beethoven wohnte von 1825 bis zu seinem Tod 1827 im Schwarzspanierhaus. 1843 erwarb das nö. Kloster Heiligenkreuz die Liegenschaft und beschloß 60 Jahre später einen repräsentativen Neubau.

Der merkwürdige Verlauf der **Beethovengasse** folgt dem Grundriß des ehemaligen Klostergartens. In nächster Nähe befand sich das Rote Haus, ein Zinshauskomplex aus dem Jahr 1803, nach dem die Rotenhausgasse benannt ist. Auch in diesem mietete sich Beethoven kurzzeitig ein.

Seit 1913 dominiert das Gebäude der Oesterreichischen Nationalbank, das derzeit auf dem ehem. AKH-Areal Erweiterungen erfährt, den **Otto-Wagner-Platz**. Übrigens gibt es rund um den Platz merkwürdige Verkehrsflächen: Die Haulerstraße ist mit nur wenigen Metern die kürzeste Straße Wiens. Die Thavonatgasse besteht überhaupt nur aus einer Straßentafel und einem stets verschlossenen Tor.

Ausgangs- und Endpunkt dieses Weges ist die Station Alser Straße/Spitalgasse der Straßenbahnlinien 43 und 44. Öffnungszeiten der Museen: Pathologisch-anatomisches Bundesmuseum, im Narrenturm, Spitalgasse 2 (Mi 15 – 18, Do 8 – 11). Sigmund-Freud-Museum, Berggasse 19 (Mo – So 9 – 16), Museum moderner Kunst, Fürstengasse 1 (Mo, Mi – So 10 – 18)

Der Platz des Columbus

Mehrere markante Plätze liegen an der Favoriten-straße: Der Columbusplatz ist der älteste Markt Favoritens. Der Reumannplatz bildet das „Tor" zur Fußgeherzone. Auf dem Antonsplatz fühlt man sich fast nach Venedig versetzt.

Die ältesten Häuser Favoritens befinden sich auf dem **Columbusplatz**. Im Revolutionsjahr 1848 entstanden die bescheidenen Bauten Nr. 7 und 8 mit dem charakteristischen Pawlatschengang. Allerdings ist das einst ländliche Aussehen kaum noch zu ahnen, da die ganze Front von modernen Geschäften eingenommen wird. Nr. 6, der Columbushof, hat eine aufwendig gestaltete historische Fassade, die ihren Vorbildern auf dem Stock-im-Eisen-Platz wenig nachsteht. Die Stuckdekorationen glänzen golden, die reichen Malereien zeigen den Amerika-Entdecker Christoph Columbus, nach dem der Platz benannt ist, und den Weltumsegler Sir Francis Drake. Das Portal wird von Atlanten flankiert, schwere Schmiedeeisengitter zieren das Gründerzeithaus.

Seit dem Bau der U1 ist die **Favoritenstraße** einer der größten verkehrsberuhigten Teile Wiens. 900 m der ehemals wichtigen Ausfallstraße wurden für den Individualverkehr gesperrt und – zwischen 1974 und 1976 – auf 20.000 m² Fläche fußgeherfreundlich ausgestaltet. Die Planung lag in den Händen der U-Bahn-Architekten Wilhelm Holzbauer, Heinz Marschalek, Georg Ladstätter, Norbert Gantar und Manfred Stein. Die Geschäftsstraße liegt in einem besonders dicht verbauten Stadtteil – Favoriten ist mit mehr als 146.000 Einwohnern der bevölkerungsreichste Bezirk – dementsprechend wichtig erschien die Auflocke-

*Vom Columbusplatz aus gesehen, zeigen die ältesten
Häuser Favoritens moderne Geschäftsportale.
Nur in den Höfen ahnt man den historischen Bestand.*

rung durch Grünbereiche, mit aufgestellten Pflanztrögen ebenso wie durch die Gestaltung der angrenzenden Plätze.

So erhielt auch der **Keplerplatz** eines der charakteristischen funktionellen Stationsgebäude und der durch die Bauarbeiten in Mitleidenschaft gezogene Park ein neues Aussehen. An der Ecke des Hauses Nr. 10 / Favoritenstraße 108 zeigt eine Skulptur den Astronomen und Mathematiker Johannes Kepler. Den Mittelpunkt bildet die Pfarrkirche, die dem Evangelisten Johannes geweiht ist. Sie entstand in den siebziger Jahren des 19. Jhs. in Renaissance-form mit zwei Türmen. Das Magistratische Bezirksamt, Nr. 5 / Gudrunstraße 128 – 130 / Laxenburger Straße 43 – 47, wurde 1883 eröffnet. Die neogotische Fassadengestaltung des Sichtzie-gelbaues läßt ihn wie ein repräsentatives Rathaus erscheinen. In dem Baukomplex finden auch Schule und Pfarramt Platz.

Ecke **Favoritenstraße** 96 / Keplergasse 11 eröffnete die Ge-meinde Wien 1871 die erste öffentliche Schule Favoritens. Bis dahin gab es (seit 1862) nur Schulklassen in Privathäusern. Auf Nr. 118 entstand inmitten gesichtsloser Häuser 1975   1979 ein Bankgebäude in der Fußgeherzone, dessen unkonventionelle Ge-staltung Kommunikation statt Repräsentation vermitteln soll. Archi-tekt Günther Domenig wählte als Materialien geformten Beton, kon-struktiven Stahl und für die Fassade Verformungen in Blech. Außer dem Geldinstitut sind in dem markanten modernen Bau der Kultur-verband Favoriten, Veranstaltungs- und Büroräume untergebracht.

Der Markt am **Viktor-Adler-Platz** erfüllt als größter des Be-zirkes eine wichtige Aufgabe in der Nahversorgung mit Lebens-mitteln. Ecke Pernerstorfergasse 28 ist der Spira-Hof – mit einer Statue des hl. Josef als Zimmermann verziert.

Der **Reumannplatz**, dessen Achse die Favoritenstraße bildet, sieht auf dem Stadtplan wie ein Viertelkreis zwischen Ettenreich-gasse und Buchengasse aus. Seit seiner Anlage ein beliebtes Frei-zeitzentrum, wurde auch er in den siebziger Jahren umgestaltet. Der neue Verkehrsknotenpunkt bildet das Entreé der Fußgeher-zone, unter der die U-Bahn fährt. Der Platz ist nach Bürgermei-ster Jakob Reumann benannt, in dessen Amtszeit Wien zum eige-nen Bundesland wurde (1922). Die sozialdemokratische Gemeinde-

Die prächtige Fassade des Columbushofes in Favoriten

rätin Amalie Pölzer gab dem Amalienbad, Nr. 23, den Namen. Nach Plänen von Otto Nadel und Karl Schmalhofer nahm es als zweites städtisches Hallenbad (nach dem Jörgerbad 1914) 1926 den Betrieb auf. 1300 Personen gleichzeitig konnten die Bassins, Dampf- und Wannenbäder benützen. In dem blockartigen Bau verbirgt sich das schönste Hallenbad Wiens, geziert mit secessionistischen und Art-Deco-Elementen. Nach Kriegsschäden und wegen Veralterung der technischen Einrichtungen wurde das Bad 1986, restauriert und modernisiert, wieder seiner Bestimmung übergeben. In einer Grünanlage auf dem Reumannplatz erinnert seit 1981 ein Mahnmal aus Mauthausener Granit an die Favoritner Opfer des Faschismus.

Dahinter führt die **Neusetzgasse** zum Antonsplatz. In der alleeartigen Anlage der kurzen Gasse fällt auf Nr. 4 und 6 – 8 ein renovierter großer Straßenhof auf. Der **Antonsplatz** verdankt der Pfarrkirche seinen Namen. Franz R. Neumann errichtete um die Jahrhundertwende dieses Wahrzeichen Favoritens, wobei er sich vom Markusdom in Venedig inspirieren ließ. Er plante das Gotteshaus mit einer Vierungskuppel, die von einer weithin sichtbaren Statue des Erlösers bekrönt ist. Zwei 51 m hohe Glockentürme an der Eingangsfront und vier kleinere Türme charakterisieren die Kirche. Sie ist teils im Zeitgeschmack, teils wegen der Nähe der Wienerberger Ziegelgruben als Sichtziegelbau mit vielen dekorativen Elementen aus Terrakotta ausgeführt und trägt außen Glasmosaike bekannter Heiliger. Die reiche historistisch-byzantinische Ausmalung ist Kriegsschäden zum Opfer gefallen, sodaß sich das Innere nun modern und hell präsentiert. Zur Erbauungszeit der Kirche nahmen an den sechs Sonntagsmessen wöchentlich 10.000 Gläubige teil. Die Pfarre zählte damals 70.000 Mitglieder und sorgte sich nicht nur um deren Seelenheil, sondern entwickelte auch neue caritative Modelle.

Ausgangspunkt dieses Weges ist die U1-Station Keplerplatz. Öffnungszeiten der Ausstellungen bei Kultur Favoriten, Favoritenstraße 118, 5. Stock: Mo – Fr 14 – 18.

Bei St. Laurenz in Simmering

Schon die alten Römer bauten die Simmeringer Hauptstraße als Fernstraße nach Osten aus. Doch der Ort entstand erst um die Jahrtausendwende – abseits, um die Laurenz-Kirche.

Das Bezirksmuseum am **Enkplatz** 2 führt weit in die Geschichte zurück – mit Gräbern aus der Awarenzeit und Exponaten aus der Erdgeschichte. Auch im Hof sind einige Objekte ausgestellt. Schon von der Straße aus sieht man ein altes Flurdenkmal: Das Sefrit-kreuz aus dem Türkenjahr 1683 stand zuvor in der Simmeringer Hauptstraße 24. Den Mittelpunkt des Platzes bildet die Neusimmeringer Pfarrkirche. Ihre Entstehung ist mit Kaiser-Jubiläen verknüpft: Zum 40. Regierungsjubiläum Franz Josephs (1888) faßte man den Entschluß zum Bau, zum 60. erfolgte die Grundsteinlegung, zwei Jahre später, 1910, wurde die erste Messe gefeiert. Anstelle des Hochaltars befindet sich nun hinter dem Volksaltar ein Bild, das Leopold Kupelwieser für die Klosterneuburger Stiftskirche gemalt hatte. Maria Mautner-Markhof, geb. Kupelwieser, spendete es in den fünfziger Jahren der Neusimmeringer Kirche. Die Brauer-Dynastie hatte großen Einfluß auf die Entwicklung Simmerings – von der Hauptstraße bis zur Haide erstrecken sich die Betriebsanlagen, welche die Familie in den sechziger Jahren des 19. Jhs. erworben hatte. Ein Jahrhundert später erhielt die bisherige Dorfgasse die Bezeichnung Mautner-Markhof-Gasse. Ihre Villa ließen die Fabrikanten in der **Dittmanngasse** Nr. 3a, die nach einem früheren Besitzer der Simmeringer Brauerei benannt ist, erbauen.

Auf der **Simmeringer Hauptstraße** 100 a / Ecke Dommesgasse zeigt ein Gründerzeithaus für die Gegend ungewöhnlich reichen Figurenschmuck und eine Eckkuppel, auf Nr. 108 stehen zwei Wohnhäuser mit Jugendstildekor. Die Hauptstraße war im 1. Jh. nach Chr. Teil der Limesstraße zwischen den römischen Militärlagern. In der Barockzeit begradigt, wurde sie als „Ungarische Poststraße" oder „Preßburger Chaussee" zur wichtigsten Verbindung Richtung Südosten. Da die meisten Lastfuhrwerke abends den Wiener Stadtrand erreichten, entwickelten sich an der Simmeringer Hauptstraße eine Reihe von Einkehrgasthöfen, die den Fuhrleuten und ihren Pferden Unterkunft und Verpflegung boten. Einer der letzten, „Fortmüllers Gasthaus zum goldenen Lamm", besteht auf Nr. 126. Man sieht noch die breite Einfahrt für die Wagen in der **Hasenleitengasse**, den baumbestandenen Hof und die Pferdeställe. Unmittelbar dahinter beginnt die HasenleitenSiedlung. Im Ersten Weltkrieg befand sich dort ein Barackenlager mit einem Lazarett und einer kleinen Holzkirche. In der Zwischenkriegszeit wurden die Baracken von kinderreichen Arbeitslosen bewohnt. Mitte der dreißiger Jahre begann man, die Elendsquartiere abzureißen und errichtete bis 1953 eine städtische Wohnhausanlage.

Der Rosenhof in Simmering: Vom Landschloß zur Brauerei

Mauerumwehrt steht die Altsimmeringer Pfarrkirche auf einem Hügel über der **Simmeringer Hauptstraße** (Nr. 157). Da man hier Ziegel der X. Legion fand, liegt die Vermutung nahe, daß sie Reste eines römischen Wachtturms sind. Der Kirchenpatron Laurentius galt als mächtiger Schirmherr gegen feindliche Einfälle aus dem Osten, seit an seinem Tag im Jahr 955 die Ungarn in der Schlacht auf dem Lechfeld bei Augsburg besiegt worden waren. Simmering war, durch seine Lage bedingt, stets solchen Anstürmen ausgesetzt. Die Kirche bewahrte jahrhundertelang ihr mittelalterlich-wehrhaftes Aussehen. Erst 1746 gestaltete sie der bekannte Baumeister Matthias Gerl um. An die Kirche schloß sich die Dorfschule an. Diese, Nr. 167 / Münchgasse 2 / Kobelgasse 24, wurde als Pfarrhaus revitalisiert.

Rund um diese und **Unter der Kirche**, über Stiegen erreichbar, befindet sich einer der ältesten Vorortefriedhöfe Wiens. Wie viele andere hätte auch er Ende des 18. Jhs. aufgelöst werden sollen. Doch die Simmeringer hatten Erfolg mit ihrem Argument, der Friedhof liege nicht inmitten der Siedlung, sondern an deren

Nostalgie im Bauernhof: Leopold Krammers Privatmuseum, Mautner-Markhof-Straße 92

Rand. So wurden nur die hygienischen Verhältnisse verbessert, und der „Bergfriedhof" blieb bis heute als biedermeierliches Ensemble von kunst- und kulturhistorischer Bedeutung bestehen.

Der alte Siedlungskern lag jenseits der heutigen Schnellbahntrasse an der **Mautner-Markhof-Straße**. Auf Nr. 94 und 92 zeigen alte Bauernhöfe in kleinen Nischen Heiligenfiguren. Auf Nr. 92 hat Leopold Krammer in seinem Anwesen ein Bauernmuseum mit Arbeitsgeräten und Wagen zusammengestellt. Auf Nr. 63 erinnert eine Freiplastik des hl. Johannes Nepomuk an die Bedrohung Simmerings durch die Hochwässer der Donau. In der früheren Dorfgasse befanden sich Wirtschaftshöfe und der Herrschaftssitz. Auf Nr. 50 steht – vor den hohen Fabrikstrakten – noch das klassizistische Herrenhaus der Brauerei Simmering. Es geht auf einen „Rosenhof" genannten Landsitz zurück, den sich Siegfried Breuner, damals Hofkammergraf der staatlichen Hüttenindustrie, 1670 errichten ließ. Mitte des 19. Jhs. wurde der Rosenhof als Spiritusfabrik umgebaut. Nr. 40 hieß 1405 „Thurnhof"; er diente seit 1605 als Brauerei. 1677 erwarb das Kloster „Zur Himmelpforte" in der Innenstadt die Grundherrschaft Simmering. Die Klosterfrauen führten den Betrieb bis zur Auflösung des Konvents 1783. Ihr Wappen und die Jahreszahl 1677 über dem Haustor rufen die Geschichte in Erinnerung, ebenso eine erklärende Tafel an einem Fabrikstrakt. Auf Nr. 39 – 41 verweist eine Tafel auf das technische Denkmal der Faßbrücke (Brückenwaage).

Die **Krausegasse**, eine Allee, die teilweise kleine, alte Häuser mit Vorgärten aufweist, führt zurück zur Simmeringer Hauptstraße. Eine Gedenktafel am Haus Nr. 1 / Simmeringer Hauptstraße 109 besagt, daß während der Epidemie von 1713 hier ein Massengrab für Pesttote angelegt wurde, auf das man 1943 bei Erdarbeiten stieß.

Ausgangs- und Endpunkt dieses Weges ist die Station Enkplatz der Straßenbahnlinien 71 und 72. Öffnungszeiten der Museen: Bezirksmuseum Simmering, Enkplatz 2 (Fr 10 – 12 + 15 – 18, So 10 – 12) Bauernhausmuseum, Mautner-Markhof-Straße 92, nach Anmeldung bei Familie Krammer.

D ie Kirche, die aus dem Lotto kam

Kirche, Schule, Wirtshaus, Schloß und Park: so präsentiert sich der Khleslplatz noch heute. Als erstes Ensemble Wiens wurde er 1973 zur Schutzzone erklärt. Gleichzeitig plante die Gemeinde Wien die angrenzende Wohnhausanlage „Am Schöpfwerk" für 8000 Menschen.

Die **Hetzendorfer Straße** teilt sich am Dorfeingang und umschließt einen dreieckigen Platz, der ursprünglich eine Viehweide war. Hier entsprang ein artesischer Brunnen, der den Dorfteich speiste. 1723 ließ der Prior der Augustiner, die seit dem Mittelalter die Grundherrschaft innehatten, den Brunnen mit einer überlebensgroßen Steinplastik des hl. Augustinus gestalten. Als die Quelle in den achtziger Jahren des 19. Jhs. zu versiegen begann, wurde der Brunnen stillgelegt und die Figur des Ordensgründers als Monument neben der Kirche am **Khleslplatz** aufgestellt.

Das Altstadtensemble erinnert an die ländliche Vergangenheit Altmannsdorfs. Nr. 1 war das alte Halterhaus, in dem der Viehhirt wohnte. Der Neubau fand seit 1828 zugleich als Gemeindegasthaus und Feuerwehrdepot Verwendung. Im Extrazimmer wurden Löscheimer, Feuerhaken und Leitern aufbewahrt. Haus Nr. 2 zeigt Reste eines Säulenportals. Auf Nr. 3 befindet sich im Hof ein großer Taubenschlag, den ein Besucher um 1800 so schilderte: *„Die Mitte des Hofes wurde von einem großen Taubenhaus geziert, dessen zahlreiche Bewohner lustig herumgeflattert sind, während der sonstige Hof von Hühnern und Enten förmlich wimmelte. Am Taubenhause befanden sich auch die Hundshütten,* *welche von drei Kettenhunden besetzt waren, die zur Nachtzeit von der Kette gelassen wurden."* Nr. 4 und 5 sind zu Heurigenschenken geworden. In Nr. 6 ist seit 1935 das Wiener Tierschutzhaus untergebracht. Zuvor befanden sich hier zwei Häuser, die der Milchmeier Johann Sageder zusammenbauen ließ. 1902 kaufte Johann Siller den Besitz. Die Familie betrieb hier und in Hetzendorf die als „Meierei Siller" bekannten Kaffeehäuser. Der Wiener Tierschutzverein wurde 1846 vom Dichter Ignaz Franz Castelli gegründet. Derzeit sind im Tierschutzhaus, das in den nächsten Jahren an die Stadtgrenze nach Vösendorf übersiedeln soll, 600 Katzen, 200 Hunde und 1000 andere Tiere – von der weißen Maus bis zum Krokodil – untergebracht. Seit 1982 befindet sich im Hof eine Steinplastik, die Franz von Assisi darstellt. Josef Josefu schuf sie zur 800. Wiederkehr des Geburtstages des Tierpatrons. Von Haus Nr. 7, dem „Bischofshof", steht nur noch die Fassade. Dahinter wurden die Trakte für Pfarrzentrum und Kindergarten, die einen kleinen Garten umschließen, in jüngster Zeit neu

gebaut. Nr. 10, der alte Pfarrhof, diente zeitweise als Armenhaus. Den 1859 errichteten Neubau zieren die Statuen der Heiligen Johannes d.T. und Anna, die als Namenspatrone der Kirchenstifter beim Kirchenportal gestanden waren. In Nr. 11 befand sich 1783 die erste Schule Altmannsdorfs im „Gröll'schen Haus". Auch dieses wurde Mitte des 19. Jhs. abgerissen und ein neues Schulhaus erbaut. In einer Nische neben dem Haus fällt eine Johannes-Nepomuk-Figur auf. Auf Nr. 12 / Oswaldgasse 120 / Hoffingergasse 26 – 28 entstand nach der Übernahme der

Khleslplatz 2:
Historisches Säulenportal

Grundherrschaft durch Johann Baptist Hoffmann das klassizistische Schloß Altmannsdorf aus dem Wirtschaftshof der Beschuhten Augustiner. 1973 wurde der Besitz vom Dr.-Karl-Renner-Insti-
tut erworben, um ihn als „Haus Altmannsdorf" und „Gartenhotel"
zu revitalisieren. Die mit wertvollen Kristallustern ausgestatteten
Seminarräume des Schulungszentrums vermitteln noch Schloß-
Atmosphäre. Zu den Sehenswürdigkeiten des Parks zählen eine
klassizistische Pan-Figur, Naturdenkmäler, wie eine Pyramiden-
pappel, Blutbuche, Eibe, Esche und mehrere Trompetenbäume,
sowie zwei Teiche und ein artesischer Brunnen.

   Die Beschuhten Augustiner, die 1434 bis 1812 Grundherren von Altmannsdorf waren, bauten schon im Mittelalter die
erste Kapelle, der weitere Gotteshäuser folgten. Das jetzige

verdankt einem Lotterie-
gewinn seine Existenz. Nach
der Auflösung des Ordens erwarb der Wiener Bürger Johann Baptist Hoffmann 1819
die Herrschaft Altmannsdorf.
Als der erfolgreiche Ge-
schäftsmann auch noch in der
Warschauer Lotterie gewonnen hatte, erfüllte er den
Untertanen ihren Herzens-
wunsch nach einer neuen
Kirche. Für diese engagierte
der Grundherr Künstler aus
der Nazarener-Schule: Johann
Matthias Ranftl malte das
Hochaltarbild, Leopold Kupelwieser ein Glasfenster im
Chor, Joseph Führich die
Seitenaltarbilder. Sie stellten,
ebenso wie die ursprünglich
am Portal aufgestellten Figu-

Khleslplatz 3: Wo Tauben sind ... ren, die Namenspatrone des edlen Spenders und seiner Frau dar, nämlich Johannes den Täufer und die hl. Anna.

Später als in anderen Bezirksteilen Meidlings setzte in Altmannsdorf die Industrialisierung ein. Ein Plan zu Beginn des 20. Jhs. zeigt weite, unverbaute Flächen An den Eisteichen, An den Froschlacken und **Am Schöpfwerk**. Diese wurden in den siebziger Jahren von der Stadt Wien aufgeschlossen, und neben den bestehenden Kleingärten wurde eine „Stadt" für 8000 Einwohner errichtet. Mit Grünflächen und Gemeinschaftseinrichtungen will die Siedlung Am Schöpfwerk an die Tradition der Gemeindebauten der Zwischenkriegszeit anschließen. Zwischen 1976 und 1980 entstanden etappenweise 1704 Wohnungen an 62 Stiegenhäusern. Das Architektenteam gestaltete sie mit Absicht unterschiedlich: Der Bauteil Süd umfaßt oktogonartig um Innenhöfe gruppierte Wohnhäuser. Den Kontrast bildet ein 17stöckiges Hochhaus. Von Anfang an war neben der Schule eine Kirche für 600 Personen als religiöses und kommunikatives Zentrum projektiert. Die Kirche „Am Schöpfwerk – Franz von Assisi" nach Plänen von Viktor Hufnagl wurde 1981 geweiht. Sein Konzept erläuterte er so: *„Die Architektur der Gesamtanlage wird entsprechend ihren Raumfunktionen in Größe und Höhe von differenzierten Baukörpern bestimmt ... Die Architektur des Kirchenraumes ist als Idee eine Variation zum Thema des Typus Zentralraum in einer außen ablesbaren und innen erlebbaren Stufenpyramide ... Durch Ornament und Farbe soll ‚Kirche' zum Raumerlebnis werden."*

Den Khleslplatz erreichen Sie direkt mit der Autobuslinie 16 A oder, wenn Sie Ihren Weg in der Siedlung am Schöpfwerk beginnen wollen, mit der Straßenbahnlinie 64. Es ist eine kleine, aber eindrucksvolle Runde. Kaum ein Platz in den Außenbezirken bietet ein so reizvolles Ortsbild, bei dem sich praktisch hinter jeder Hausnummer eine Sehenswürdigkeit verbirgt. Falls Sie die Anschaffung eines Haustiers überlegen, bietet das Tierschutzhaus am Khleslplatz reiche Auswahl.

Ein Lieblingsplatz der Kaiserin

Das Herz Hietzings schlägt zwischen der Mauer des Schönbrunner Schloßparks, der Hietzinger Hauptstraße, der Maxingstraße, der Häusergruppe des Pfarrhofs und der alten Volksschule. Die Adresse heißt einfach: Am Platz.

Das gotische Gotteshaus Maria-Hietzing, **Am Platz**, mit barocker Einrichtung war die Wallfahrtskirche des Adels, allen voran Maria Theresias, und das Volk folgte diesem Beispiel. Täglich wurden an die 20 Messen gelesen. In den sechziger Jahren des 19. Jhs. führte Karl Rösner einen neugotischen Umbau durch, er vergrößerte das Langhaus und fügte den Turm an. Das Innere ist von barocken Fresken mit Szenen aus dem Marienleben bestimmt. Am Hochaltar befindet sich die Gnadenstatue in einem baumartigen Aufbau, an dessen Fuß Figuren gefesselter Männer stehen. Der Ortsname wird mit einer Legende erklärt: Während der Ersten Türkenbelagerung sei die Statue in einem dicht belaubten Baum versteckt gewesen. Vier Bürger, die an diesen gebunden waren, baten die Muttergottes um Hilfe. Wie durch ein Wunder lösten sich die Ketten, und eine Stimme aus der Baumkrone rief: „Hiats eng!" (Hütet euch!). Ein spätgotischer Bildstock, der sich bis 1919 auf dem Weg nach Ober-St.Veit befand, wurde später an der Außenseite der Kirche angebracht. Er zeigt Reliefs der Schutzmantelmadonna und Passionsszenen. Vor der Kirche steht eine Wolkensäule mit Engelsköpfen, die von einer Immaculata im goldenen Strahlenkranz bekrönt wird. Auf Nr. 1 trägt der Pfarrhof ober dem Portal die Wappen von Klosterneuburg und Hietzing. Nr. 2 ist die Adresse des Bezirksmuseums. Seine Schwerpunkte sind, neben der Lokalgeschichte, der Maler Egon Schiele und die Äthiopien-sammlung des Afrikaforschers Friedrich J. Bieber. Vor dem Museum ist die letzte Gaslaterne Wiens in Betrieb.

Ein Denkmal, das Josef Meixner 1871 für den Hietzinger Platz schuf, stellt Ferdinand Maximilian, Erzherzog von Österreich, Kaiser von Mexiko, dar. Er konnte sich gegen die republikanische Regierung nicht durchsetzen, wurde vor ein Kriegsgericht gestellt und schließlich erschossen. Die **Maxingstraße** ist nach ihm benannt. In Schönbrunn ließ er nach eigenen Entwürfen einen Park und die Villa Maxing im Stil der damals beliebten Schweizerhäuser anlegen. Die ungeraden Nummern sind am Beginn mit Vorstadthäusern besetzt, an welche die Umfassungsmauer des Schloßparks anschließt. Die langen Pawlatschengänge der Häuser Nr. 1 / Am Platz 3 und 3 – 13 setzen sich über die Hausgrenzen hinweg fort. Einmal jedoch werden sie von einem hohen Schlot, der Heizung des Palmenhauses, unterbrochen. Die Häuser der geraden Nummern sind, vom Platz ausgehend, secessionistisch-großzügig gestaltet.

Die merkwürdig verwinkelte **Altgasse** liegt im ältesten Teil von Hietzing. Ihr Verlauf war durch den Lainzer Bach bestimmt. Einige ihrer Häuser vermitteln noch ganz das Flair der Biedermeier-Sommerfrische. Doch auch hier hat der Jugendstil markante Zeichen gesetzt: Nr. 21, 23 und 23 a bilden einen Straßenhof, Nr. 27 / Lainzer Straße 3 – 5, ist der

Detail der Immaculata-Säule am Hietzinger Platz

Jugendstil in Hietzing, Lainzer Straße 3 – 5

Galilei-Hof, ein besonders repräsentatives Beispiel eines secessionistischen Miethauses.

Die **Trauttmansdorffgasse** weist einen bogenförmigen Verlauf und eine interessante Mischung von Häusern aus dem 19. und 20. Jh. auf. Ihren Namen verdankt sie dem Gräflich Trauttmansdorffschen Sommerhaus, Nr. 40. Das markanteste Bauwerk ist der restaurierte Fürstenhof, Nr. 50. Wie Marmortafeln im Hausflur künden, hat ihn Architekt Hans Dvorak 1905 für Eduard Levit errichtet.

Die **Gloriettegasse**, eine der nobelsten Adressen Wiens, ist für ihre Villen bekannt. Der Abschnitt bei der Einmündung in die Lainzer Straße (Nr. 31 bis 43) wird als Biedermeier-Landhausviertel bezeichnet. Meist haben sie eine repräsentative Gartenfassade und Seitenflügel, und straßenseitig verweist ein Balkon im 1. Stock auf den großzügigen Salon. Richtung Maxingstraße stehen exzellente Jugendstilvillen: Nr. 21, die 1901/02 entstandene Villa Schopp, ist ein Werk des Architekten Friedrich Ohmann, der u.a. den Ausbau der Hofburg leitete und das Wienflußportal im Stadtpark gestaltete. Nr. 14 – 16, die Villa Primavesi von Josef Hoffmann, die er zu Beginn des Ersten Weltkriegs baute, gilt als bestes Wiener Bauwerk des Mitbegründers der Secession und Gründers der Wiener Werkstätte. Auf Nr. 9 / Ecke Wattmanngasse befindet sich die berühmte Villa Schratt, wo die Hofschauspielerin täglich von Kaiser Franz Joseph Besuch erhielt. In der **Wattmanngasse** ist das Wohnhaus Nr. 29 bemerkenswert. Es verdankt den dunkelbraunen Majolikareliefs an der Fassade die Bezeichnung Schokoladenhaus. Ein Schüler Otto Wagners, Ernst Lichtblau, errichtete es 1914 in einem Übergangsstil zwischen Secessionismus und Moderne. Der Architekt baute an der Werkbundsiedlung, war Professor an der Kunstgewerbeschule und in New York.

Eine Tafel am Haus **Maxingstraße** 18 besagt, daß es sich im Besitz von Johann Strauß befand und der Komponist dort die Operette „Die Fledermaus" schrieb. Ein Tor in der gegenüberliegenden Tiergartenmauer ermöglicht den raschen Zugang zum botanischen Garten mit seinen Raritäten und zum Palmenhaus, das zu den größten Glashäusern der Welt gehört. Der Schönbrunner Tiergarten, der älteste Zoo überhaupt, bietet Historisches ebenso wie Neuerungen. Zu diesen zählt der 1994 eröffnete Bauernhof, ein Tiroler Haus mit zahlreichen Haustieren. Beim Hietzinger Tor fällt ein wuchtiger Anbau mit einem Postamt auf: Das „Kaiserstöckl" wurde bis 1918 vom jeweiligen Außenminister bewohnt. Zur Zeit Maria Theresias lebte ihr Arzt und Berater Gerard van Swieten hier.

In der **Hietzinger Hauptstraße** 6 ließ sich Josef Plecnik beim Bau des Wohnhauses für den Lederfabrikanten Josef Weidman vom gegenüberliegenden Schloß inspirieren, und so entstand eine interessante Mischung aus Jugendstil und Barockstöckel. Im Hause Weidman verkehrten die Komponisten Richard Wagner, Johannes Brahms und Alban Berg. Auf Nr. 10 – 14 wurde 1907 das Parkhotel eröffnet. Dieses beherbergte u.a. den Erfinder des Phonographen, Thomas Alva Edison. 1787 – 1907 befand sich an Stelle des Parkhotels Dommayers Casino, wo Johann Strauß aufgeigte.

Ausgangs- und Endpunkt der Exkursion ist die Station „Am Platz" der Autobuslinien 56 B, 58 B und 156 B.

aria im Brunnen

In Hadersdorf-Weidlingau mündet jede Betrachtung beim Wasser: Der Wienfluß dominiert die westliche Stadteinfahrt, der alte Herrschaftssitz ist ein Wasserschloß, die Marienstatue in der Wallfahrtskirche wurde einst aus einem Brunnen geborgen, und schließlich studierte hier der Erfinder der Schiffsschraube, Joseph Ressel.

Die Bezeichnung **„Wolf in der Au"** erinnert an die Zeit vor der Wienflußregulierung, die 1897 im Zusammenhang mit der Stadtbahntrasse in Angriff genommen wurde. Biedermeierliche Bilder zeigen eine pittoreske Naturlandschaft. Noch 1833 soll hier ein Wolf erlegt worden sein. Ein danach benannter Gasthof war bei Ausflüglern und Mariabrunner Pilgern sehr beliebt.

Die Eleonorensäule beim Eisenbahner-Kleingartenverein „Wolf in der Au" stammt aus dem Jahr 1685. Die Säule steht an der **Hauptstraße,** nach den Wehr- und Schleusenanlagen der Wienflußregulierung. Das markante Jugendstil-Gebäude der Städtischen Wienflußaufsicht, Nr. 3, trägt die Jahreszahl 1902.

Nördlich der Westbahntrasse, **Friedhofstraße** 12, liegt der Friedhof von Hadersdorf-Weidlingau. Seine Kapelle, in der sich Grüfte der Familie Herzmansky befinden, hat den selben Architekten wie die Lueger-Gedächtniskirche in Simmering. Max Hegele schuf beide Bauten in secessionistischen Formen. Ein weiterer Blickpunkt ist das große Holzkreuz mit Corpus, das laut Inschrift 1875 „Martin und Juliana Stelzer, Hauseigentümer in Weidlingau" widmeten.

Künstlerischer und religiöser Kristallisationspunkt der Gegend sind Kirche und Kloster Mariabrunn, **Hauptstraße** 9. Nach der

Das barocke „Heilige Theater" in Mariabrunn ist einmalig in ganz Österreich

Ursprungslegende soll die viel verehrte Marienstatue um die Jahrtausendwende von der erkrankten ungarischen Königin Gisela in einem Brunnen entdeckt worden sein. Nach ihrer Heilung, die sie dem Fund zuschrieb, habe sie für die Figur eine Kapelle bauen lassen. Das hübsche Brunnenhaus aus dem Jahr 1655, in dem sich eine steinerne Nachbildung der aus der Frührenaissance stammenden Gnadenstatue befindet, erinnert daran. (Kaiser) Ferdinand III. und seine Familienangehörigen legten 1639 – im Sinne der Gegenreformation – die Grundsteine zu Kirche und Kloster der Unbeschuhten Augustiner. In der Kirche befindet sich ein Epitaph für Johann Lukas v. Hildebrandt. Begraben ist der Architekt des Belvederes aber in einer Gruft bei St. Stephan. Als einmalig in Österreich gilt das Heilige Theater in der Wieskapelle, die zu den ältesten Bauteilen der Pfarrkirche zählt. Die kleine Bühne mit Barock-Kulissen wurde zur Maria-Theresianischen Zeit errichtet. In diese schob man dem Kirchenjahr entsprechende Darstellungen aus dem Leben Jesu ein. Die Figuren und -gruppen sind auf Tafeln mit ausgeschnittenen Konturen gemalt. Die drei erhaltenen Szenen (Abendmahl, Judaskuß und Jesus am Ölberg) werden noch alljährlich in der Fastenzeit verwendet.

Eine Gedenktafel an der Kirche erinnert an die historische Begegnung Kaiser Josephs II. mit Papst Pius VI. Dieser kam 1782 nach Wien, um den Kaiser von seinen Reformen abzubringen, mußte aber unverrichteter Dinge nach Rom zurückkehren. Während das Wallfahrts- und Bruderschaftswesen durch die josephinischen Verordnungen starken Einschränkungen unterlag, profitierte die Mariabrunner Wallfahrt davon. Sie war eine der wenigen, die innerhalb eines Tages absolviert werden konnten, und solche Prozessionen blieben bis 1789 erlaubt.

Im Kloster, das als Novizenhaus diente, lebte Ulrich Megerle, mit seinem Ordensnamen Abraham a Sancta Clara genannt. Der wortgewaltige Hofprediger war auch Prior in Mariabrunn. 1829 starben die Unbeschuhten Augustiner aus. Jahrelang standen Räume im Kloster leer. Sie dienten als Lazarett, Sommerquartier des Theresianums und, seit 1813, als Forstlehranstalt. Ihr prominentester Absolvent war der Erfinder der Schiffsschraube, Joseph

Ressel. Sein Denkmal steht im gegenüberliegenden Garten, Nr. 32 – 34. Viele alte Bäume im botanischen Garten sind Naturdenkmäler. Nachdem die Forstschule in den siebziger Jahren des 19. Jhs. in ihr neues Gebäude nach Döbling übersiedelt war (Universität für Bodenkultur), zog die „K.K. forstliche Versuchsleitung" in Mariabrunn ein. 1994 präsentieren sich die Trakte der Forstlichen Versuchsanstalt frisch restauriert, wobei auch Raum für ein Forstmuseum geschaffen wurde.

Die **Mauerbachstraße** führt zum Schloß Laudon und weiter in den Wienerwald. Bei Nr. 36 erinnert eine barocke Johannes-Nepomuk-Statue an die Bedrohung der Gegend durch Hochwasser. Unweit des Aufstellungsortes befand sich eine Furt, später ein Steg am Mauerbach. Auf Nr. 43 steht das Schloß Laudon, ein Wasserschloß, das über eine gemauerte Brücke erreichbar ist. Der im Kern gotische Bau ist seit 1976 Sitz der Verwaltungsakademie des Bundes. Im Foyer befinden sich alte Kunstwerke, eine Tafel im Stiegenhaus vermeldet, daß Elisabeth Christine, die Mutter Maria Theresias, die Tage vor ihrer Vermählung mit Kaiser Karl VI. in dem Schloß verbrachte. Das jüngste Denkmal in der stimmungsvollen und gepflegten Anlage ist ein Gingkobaum mit einem Gedenkstein für „den Retter des Schlosses Laudon, Konsul Alfred Weiss". Baum und Stein wurden zur 100. Wiederkehr seines Geburtstags 1990 gesetzt. Der bekannteste Schloßherr war Feldmarschall Gideon Ernst Freiherr v. Laudon, der den Besitz 1779 erwarb. Er ließ das Schloß umbauen und mit Kunstschätzen ausstatten. Trophäen, die der Sieger über die Türken 1769 aus Belgrad mitbrachte, und sein Grabmonument befinden sich ca. 800 m weiter auf der gegenüberliegenden Straßenseite am Waldrand.

Ausgangspunkt dieses Ausfluges, der auch durch den Wald führt, ist die Station Wienflußaufsicht der Autobuslinien, die von der U4-Endstelle Hütteldorf abfahren (149, 150, 249). Die Besichtigung der Kapelle und des Wallfahrtsmuseums in Mariabrunn ist nach Anmeldung in der Pfarrkanzlei, die des Forstmuseums nach Vereinbarung mit der Forstlichen Bundesversuchsanstalt möglich.

Exerzierfeld des Wohnbaus

Dieser Spaziergang ist ein „Lehrpfad" durch die Entwicklung des Wiener Wohnbaus: Gartenstadt, Superblock, Asyl und Alternatives rund um den ehemaligen Exerzierplatz der Armee.

Die jüngsten Bauwerke, 120 geförderte Wohnungen, entstehen anstelle des 1912 gegründeten Meiselmarkts. Die Standler übersiedeln in die Arkaden des ehem. Wasserbehälters, dessen Portal erhalten bleibt. Das Reservoir der Ersten Hochquellenwasserleitung, 1873, faßte 36,5 Millionen Liter. Seit der Mitte des 19. Jhs. war die Schmelz Schauplatz militärischer Übungen, wie der Frühjahrsparaden, zu denen Franz Joseph aus Schönbrunn durch die **Johnstraße** angeritten kam. Angeblich sollen deren Häuser deshalb Vorgärten haben – damit sich der Kaiser daran erfreue. Um 1910 parzellierte man Teile der Schmelz.

In der **Hütteldorfer Straße** 68 – 72 und 74 / Johnstraße 44 (1911) entstanden die ersten von 500 geplanten Häusern einer Lueger-Stadt, deren Entwicklung der Erste Weltkrieg unterbrach.

In der **Pilgerimgasse** 22 – 24 / Johnstraße 52 – 54 / Wurmsergasse 45 – 47 wurde 1922 der Heimhof von einer Wohnbaugenossenschaft begonnen und 1926 von der Gemeinde Wien vergrößert. Dieses (bis 1938 funktionierende) Experiment der zentralisierten Hauswirtschaft umfaßte 246 Wohnungen für Alleinstehende und kinderlose Ehepaare – Durchschnittsgröße: 31 m². Küche, Speise- und Badezimmer erschienen im Einküchenhaus entbehrlich, da die Speisen in der Zentralküche zubereitet und in Gemeinschaftsräumen gegessen wurden. Bäder und Duschen waren ebenfalls für alle Mieter gemeinsam. Es gab eine Zentralwäscherei und sogar Personal, das die Wohnungen aufräumte.

Ganz andere Ideale verfolgte man 1914 im benachbarten Zertifikatistenhaus, **Wurmsergasse** 49 – 51 / Oeverseestraße 21 – 23. Unteroffiziere, die nach zwölfjährigem Militärdienst ein Zertifikat für eine Staatsanstellung erworben hatten, schufen für ihre Familien Wohnungen, die für damalige Standards überdurchschnittlich gut ausgestattet waren. Sie gründeten zu diesem Zweck einen Verein, erlangten öffentliche Zuschüsse, und auch Franz Joseph stellte sich mit einer ansehnlichen Summe ein. Vier Stiegenhäuser umschließen einen grünen Hof, außer den Wohnungen gab es Kanzleien und Versammlungssäle. Stolz verkündet eine Marmortafel über dem Tor des Hauses das Motto seiner Bewohner und ihres Kaisers: „Viribus unitis", – „Mit vereinten Kräften".

Das vierte Viertel des Häuserblocks, **Johnstraße** 56 – 58 nimmt der secessionistische „Heimathof" ein. Er ist einer der wenigen Neubauten, die während des ersten Weltkriegs (1916) entstanden sind.

Gartenidylle in der Maresch-Siedlung

Nach dem Ende der Monarchie verwandelte sich die von den Anrainern gefürchtete Staubwüste des Paradeplatzes **Schmelz** in Schrebergärten. Die Kleingärten (ca. 200 m²) dienten zunächst der Selbstversorgung durch Gemüseanbau und Kleintierzucht, nach 1945 wurden sie allmählich zu Erholungsgärten und gelten auch als WWF-Vogelschutzgebiet. Die Siedler schlossen sich als „Freie Vereinigung der Schrebergärtner Zukunft" zusammen und bauten 1920 ihr „Schutzhaus Schmelz". Obwohl die Straßen dieser Gegend überdurchschnittlich häufig nach Militärs benannt sind und man vom ehem. Feldherrnhügel am ASKÖ-Gelände den Blick zur nahen Radetzkykaserne schweifen lassen kann, dient das Areal nun doch überwiegend friedlichen Zwecken, mit einem Gym-

Der Heimathof auf der Schmelz entstand im 1. Weltkrieg

nasium für 1200 Schülerinnen und Schüler und dem Universitätssportzentrum I (seit 1973) und II. Diese bieten mehreren Institutionen Platz und besitzen im Freien und in Sälen Spiel-, Sport- und Schwimmanlagen für diverse Disziplinen. Anschließend, Richtung Gablenzgasse, wo in den letzten Jahren Wohnblöcke entstanden sind, befindet sich der neue unterirdische Wasserbehälter. Mit 70.500 m³ Inhalt ist er nun doppelt so leistungsfähig wie sein Vorgänger.

Jenseits der Schnellstraße Auf der Schmelz kann man im Geviert Oeverseestraße – Possingergasse – Gablenzgasse – Minciostraße in der Mareschsiedlung unterschiedliche Modelle kommunalen Wohnbaus kennenlernen: Auf diesem Teil des Exerzierfeldes sollten (schon 1916) 150 einstöckige Häuser entstehen. Bis 1919 wurden 42, bis 1920 weitere 13 Reihenhäuser errichtet. Der **Mareschplatz** bildet mit einem Brunnen, Gasthaus „Am Platzl" und Lebensmittelgeschäft das Zentrum der Gartenstadt, deren Siedler sich 1921/22 zu einem Verein zusammenschlossen, um den als Hofraum vorgesehenen Gemeinschaftsbereich als private Hausgärten nutzen zu können. In einem dieser Gärten wächst eine Zeder aus dem Libanon. Der folgende Bauteil Richtung Rohrauerpark (**Possingergasse** 1 – 23, Oeverseestraße 2 – 6, Mareschgasse 4 – 18, Wickhoffgasse 3 – 9) ist zwar bautechnisch und künstlerisch besser, aber weit weniger individuell ausgestattet. 1923/24 errichtet, zeigt er die Ideale der kommunalen Wohnblocks mit Grünflächen und Spielplätzen. Beim gegenüberliegenden Block wird dies noch deutlicher: Drei- bis vierstöckige Trakte umschließen einen großen Hof mit Spielplatz, Pavillon und Brunnen. Dieser „Planschbeckenhof" genannte Gemeindebau hat die Adressen **Wickhoffgasse** 4 – 8, Mareschgasse 20 – 32, Gablenzgasse 101 – 105, Possingergasse 25 – 35. Die 1924 vollendete Anlage umfaßt 80.280 m², von denen knapp ein Viertel verbaut ist.

Geistlicher Mittelpunkt der Schmelz ist seit 1980 das Pfarrzentrum am **Akkonplatz**, ein Werk des Architekten Josef Vytiska. Hier ist eine der aktivsten Pfarrgemeinden Wiens zuhause, die sich sozial sehr engagiert.

Ein Beispiel kommunalen Wohnbaus aus dem Ständestaat ist der St. Engelbert-Hof, **Tautenhayngasse** 28. Ursprünglich war er ein „Familienasyl" für kinderreiche, meist obdachlose Familien. Die Anlage umfaßte zehn Stiegen mit je 12 Wohnungen, ein Tröpferlbad, aber keine Spielplätze. An der Hausecke zeigt sie eine seltene Heiligendarstellung – den Namenspatron des Bundeskanzlers Engelbert Dollfuß.

Ausgangs- und Endpunkt dieses Rundganges ist die U3-Station Johnstraße. Im Umkreis können Sie in der Fußgängerzone Meiselstraße/Kardinal-Rauscher-Platz bei der Rudolfsheimer Pfarrkirche die „Wasserwelt" zeitgenössischer Brunnenkünstler besichtigen.

Kuffners Imperium

In Neu-Lerchenfeld, „des heiligen römischen Reiches größtem Wirtshaus", sprachen Generationen dem Wein zu. Seit dem Biedermeier besteht in Ottakring eine Brauerei. Moriz Kuffner, ein intellektueller Braumeister, vergrößerte nicht nur die Produktionsstätten, sondern ließ sich auch eine Sternwarte bauen.

Alte Linden und eine Madonnenstatue am **Johann-Nepomuk-Berger-Platz** lassen mit viel Phantasie die Vergangenheit des 16. Bezirks als vorindustrielles Ausflugsziel ahnen. Neu-Lerchenfeld entstand nach der Zweiten Türkenbelagerung auf Gründen des Stiftes Klosterneuburg, zwischen Gaullachergasse und Grundsteingasse. Um die Ansiedlung attraktiv zu machen, konnten die neu Zugezogenen das Schankrecht erwerben. Die Folge: Um die Mitte des 19. Jhs. waren in 165 Häusern 69 Gaststätten. Als man um 1862 die „Schanzgründe" parzellierte, überließ der Käufer dieses Areals, J. N. Berger, der Gemeinde Ottakring zwei Grundstücke, um diese als Marktplatz zu gestalten. Im Geviert Johann-Nepomuk-Berger-Platz 13 / Rosensteingasse 2 / Taubergasse 1 – 3 entstand in der Zwischenkriegszeit eine städtische Wohnhausanlage mit Feuerwehrstation. Die Figur eines Feuerwehrmannes an der Hausecke ist mit 1938 datiert.

An der **Ottakringer Straße** 102 – 106 / Baldiagasse 2, Rosensteingasse 1 fällt ein 1893 errichteter Baublock auf: der Baldiahof. Der Mittelteil, Nr. 104, ist mit allegorischen Gestalten und Nachbildungen der Skulpturen der Medici-Gräber geziert. Der Bauherr, Baumeister und Gemeinderat, ließ sich in Reliefs über dem ersten Stock gleich dreimal abbilden. Die gegenüberliegende Straßenseite, Nr. 85 – 97, ist von den Fabriksgebäuden der Ottakringer Brauerei dominiert. Auf Nr. 91 kündet eine Inschrift „Brauhaus gegründet 1837", Nr. 93 aus dem Jahr 1901 trägt reiche Stuck-dekorationen (drei Rosen und Brausymbole, vergoldet). Der Turm der Malzdarre aus dem Jahr 1907 gilt als weithin sichtbares Wahr-zeichen. Heinrich Plank, ein Müllermeister aus Niederösterreich, errichtete 1837 auf sieben Parzellen, die zuvor als Weinberge be-nutzt worden waren, ein Brauhaus samt Bierschank, Tanzsaal und Garten. 1850 verkaufte er den Betrieb an die Cousins Ignaz und Jacob Kuffner. Sie waren aus Lundenburg eingewandert, wo ihr Onkel in der Bier- und Branntweinerzeugung tätig war. Unter der Brauerfamilie Kuffner entwickelte sich der Betrieb zum Wirt-schaftszentrum Ottakrings, außerdem schlossen die neuen Besit-zer eine Spiritus- und Preßhefeerzeugung an. Mehr noch: Sie waren in der Politik und im Sozialwesen aktiv. 1869 wurde Ignaz Kuffner zum Ottakringer Bürgermeister gewählt, neun Jahre spä-

Der Brauherr als Bauherr: Moriz Kuffner ließ 1884 eine private Sternwarte errichten

ter in den Adelsstand erhoben. Als Firmenchef folgte ihm sein Sohn Moriz. Dieser hatte nicht nur an der Technischen Uni-versität studiert, sondern inter-essierte sich auch für Philoso-phie und fremdsprachige Lite-ratur, war ein ausgezeichneter Alpinist und (damals eine Sen-sation) Automobilist. Das Pa-lais Kuffner, Nr. 118 – 120, das die Familie 1893 bezog, ent-wickelte sich zum Treffpunkt der politischen und intellektu-ellen Prominenz. Es hat schwere Schmiedeeisengitter und bunte Glasfenster im Stie-genhaus. Der vertäfelte große Saal wird jetzt als Exkursions-raum genutzt. Seinen wohl größten Traum erfüllte sich Moriz Kuffner, als er im damals noch unverbauten Gebiet (Johann-Staud-Straße 10) eine Sternwarte errichten und mit den besten Instrumenten ausstatten ließ, die es in der Monarchie gab. Ein Jahrhundert später (1978) erklärte die Gemeinde Wien das Gebiet Ottakringer Straße, Eisnergasse, Grüllemayergasse, Friedrich Kaiser-Gasse, Kuffnergasse, Thaliastraße, Schuhmeierplatz, Wattgasse zum Assanierungsgebiet. Anders als bei früheren Projekten dieser Art setzte sie von Anfang an auf die Mitbestimmung der Bewohner und Besitzer. So wurden

Industriedenkmal und Wahrzeichen von Ottakring: Der Turm der Malzdarre in der Brauerei

nicht nur eine Reihe alter Häuser saniert, sondern auch in der Wichtelgasse und Lambertgasse Wohnstraßen und ein Park angelegt, bei dem Künstler und Kinder eine Feuermauer bemalten. Die Ottakringer Straße weist in diesem Bereich einige Merkwürdigkeiten auf. Auf Nr. 107 ist ein Biedermeierhaus mit charakteristischen Fenstern, die Glaserei darin trägt noch das alte Firmenzeichen. Gegenüber stehen einige alte Häuser (132, 134, 136, 142, 144), während Nr. 138 1994 neu verbaut wird. Auf Nr. 117 / Ecke Lambertgasse zeigt das Haustor schmiedeeiserne Auerhähne. Die nächste Kreuzung, Ottakringer Straße / Wattgasse, hat man um die Jahrhundertwende mit großen Bauten, deren Ecken betont sind, markant gestaltet (z.B. das Jugendstilhaus Ecke Ottakringer Straße / Wattgasse 20 / Arnethgasse) Seit 1994 ersetzt das Bezirkspolizeikommissariat Ottakring, Nr. 150 / Wattgasse 15 / Familienplatz 1, das Schul- und Amtshaus aus dem Jahr 1852. In dem binnen 18 Monaten fertiggestellten Bau arbeiten 200 Polizeibeamte, außerdem enthält er eine Schießstätte, einen Sportsaal und Schutzräume. In der Grünanlage davor befindet sich das 1687 gestiftete „weiße Kreuz", das einst den östlichen Dorfeingang markierte.

Der **Familienplatz**, der zuvor Bebelplatz und bis vor kurzem Kernstockplatz hieß, erhielt seinen neuen Namen nach dem Patrozinium der Neuottakringer Pfarrkirche „Zur heiligen Familie". Auch diese mußte „umgetauft" werden. 1881 heirateten Kronprinz Rudolf und Prinzessin Stephanie von Belgien. Die Ottakringer nahmen dies zum Anlaß, den Platz Stephanieplatz zu benennen und den Bau einer Rudolfskirche zu beschließen – mit dem Kronprinzen als Protektor des Kirchenbauvereins. Sein Selbstmord (1889) brachte das Projekt für fünf Jahre zum Stillstand. Die Kirche, eine der größten Wiens, bietet 3000 Personen Platz. Die Pläne verfaßten Alexander Wielemans, der Architekt des Justizpalastes, und Theodor Reuter. Sie entwarfen einen Sichtziegelbau in frühgotischen Formen.

Ausgangs- und Endpunkt dieses Weges ist der Johann-Nepomuk-Berger-Platz, den Sie mit Straßenbahnen der Linien J, 9 und 44 erreichen. Zur Kuffner-Sternwarte, Johann-Staud-Straße 10, fährt der Bus 46 B.

Besuch beim Baumkraxler

Während der Reformation und Gegenreformation war Hernals Pilgerstätte und Ausflugsziel zugleich. Vor 100 Jahren lockten die Brüder Schrammel die Wiener in den Vorort.

Die Römer betrieben rund um den **Elterleinplatz** ihre Legionsziegeleien. Zur Zeit der Völkerwanderung siedelten Bayern und Slawen in Hernals. Die Silbe „Als" soll aus dem Slawischen kommen und so viel wie Erlenbach bedeuten. Im Mittelalter stand der Hof von Hernals zwischen Elterleinplatz, Kalvarienberggasse, Kindermanngasse und St.-Bartholomäus-Platz. 1587 erwarb die protestantische Freiherrenfamilie Jörger, die sich für ihre Konfession sehr engagierte, die Herrschaft. 1620 trat Ferdinand II. die Regierung an. Er hatte feierlich gelobt, seine Lande wieder katholisch zu machen, denn die überwiegende Mehrheit der Untertanen war inzwischen von der evangelischen Lehre überzeugt. Bisher war es mehr oder weniger geduldet, daß Jörger Prediger nach Hernals holte, denen bis zu 20.000 Menschen zuhörten. Nun ließ der Kaiser die Kirche sperren, Jörger wurde zum Tod verurteilt (später allerdings begnadigt), seine Güter wurden eingezogen, Schloß und Herrschaft dem Domkapitel zu St. Stephan übergeben.

Im Sinne der Gegenreformation entstand auf Initiative des Jesuitenpaters Karl Mussard auf dem **St.-Bartholomäus-Platz** eine Nachbildung der Grabkapelle Christi, zu der vom Stephansdom aus ein Kreuzweg mit sieben Stationen führte. (Die letzte besteht noch an der Seite der Alserkirche). Die erste feierliche Prozession fand 1639 unter Teilnahme des Kaisers statt. Der barocke Kalvarienberg und die Kirche wurden mehrfach umgebaut, denn das Grundwasser wirkte sich schädlich auf den künstlichen Berg aus. In den neunziger Jahren des 19. Jhs. erhielt er durch Richard Jordan seine heutige Gestalt. Der Kalvarienberg ist um die Kirche herumgebaut und gedeckt. Seine 14 Relieftafeln weichen von den üblichen Leidensdarstellungen ab: Sie zeigen die sieben Hauptsünden und die sieben Tugenden, wie sie die Muttergottes verkörperte. Den Höhepunkt bildet eine lebensgroße Kreuzigungsgruppe. Zu den Spezialitäten des Fastenmarktes, der seit 1639 vor Ostern abgehalten wird, zählten – damals noch seltene – Südfrüchte, Heiligenbilder mit Lottozahlen und als Kinderspielzeug der sogenannte Baumkraxler, ein Püppchen, das sich an einem Stab auf- und abwärts bewegen läßt. Der Baumkraxler wird als Abbild des biblischen Zöllners Zachäus (Lk. 19) gedeutet, der Jesus sehen wollte, als er nach Jericho kam. Weil er nicht sehr groß war, setzte er sich auf einen Feigenbaum. Jesus erblickte ihn, sprach mit ihm und war sogar in seinem Haus zu Gast.

Durch die reiche Geschichte der Gemeinden Hernals, Dornbach und Neuwaldegg, die seit 1891 den 17. Wiener Gemeindebezirk bilden, führt die Schausammlung des Bezirksmuseums **Hernalser Hauptstraße** 72 – 74 / Elterleinplatz 14. Schon das Haus in seiner markanten Lage und mit Plastiken im Stiegenhaus ist interessant. Als Gebäude der „Wiener Kommunalsparkasse im Bezirk Hernals" wurde es 1911 errichtet. Der Festsaal zeigt einen Zyklus von Bildern des Alserbachs, der bis 1877/ 78 hier offen floß. So entstand die charakteristische Straßengabelung Hernalser Haupt-

Der Alszauberbrunnen auf dem Elterleinplatz erinnert an das Schrammel-Quartett

straße und Jörgerstraße. Nr. 67 ist ein aufwendig gestaltetes historistisches Wohnhaus mit Erkern, Balkonen und stukkiertem Hausflur. Nr. 57 hat einen hübschen Hof mit Pawlatschengang. Auf Nr. 55 führt das „Metropol" im Hof eines Wohnhauses die Tradition des alten „Etablissements Klein" weiter. Das revitalisierte Theater-Varieté ist das letzte einer Reihe ähnlicher Vergnügungsstätten. (Weigelium, Nr. 33, Gschwandtner, Nr. 41, Stalehner, Jörgerstr. 22). Der Als-Hof, Nr. 43, zeigt eine üppige, historistische Fassade. Haus Nr. 38 / Ecke Palffygasse trägt einen prächtigen Eckturm. Ein Relief schmückt den Hofdurchgang Nr. 23 / Ecke Veronikagasse.

Ecke **Jörgerstraße** 26 / Syringgasse 4 – 6 befindet sich – jetzt auf dem Dach eines Wohnhauses und Einkaufszentrums – der Eislauf- und Tennisplatz Engelmann. Der Fabrikant Eduard Engelmann sen. gründete ihn, sein Sohn gestaltete ihn 1909 zur ersten Kunsteisbahn der Welt um. Eduard Engelmann jun. war zweimal Europameister im Eiskunstlauf, auch sein Schwiegersohn Karl Schäfer, der Olympiasieger von 1936, trainierte hier. Marmortafeln neben der Eisfläche erinnern an die sportlichen

Der spielende Eisbär von Otto Jarl im Pezzlpark

Erfolge. Körperliche Betätigung zu jeder Jahreszeit ermöglicht das Hernalser Badezentrum, Nr. 42 – 44. Das Jörgerbad wurde als erstes städtisches Wannen-, Dampf- und Hallenschwimmbad 1914 eröffnet und 1978 modernisiert wieder seiner Bestimmung übergeben. Im anschließenden Pezzlpark fällt eine Tierplastik auf. Sie zeigt einen Eisbären, der mit einem Seehund spielt. Otto Jarl, der Schwiegersohn des Dombaumeisters und Architekten des Rathauses, Friedrich Schmidt, schuf sie 1902. Das Modell dazu steht in der Schmidt-Villa in Dornbach (Andergasse 8), die deshalb auch „Bären-Villa" genannt wird.

Das Schrammelquartett spielte sowohl in Dornbach als auch in Hernals. Am Haus **Kalvarienberggasse** 36 erinnert eine Marmortafel mit Reliefs an die Brüder. Am Eltorloinplatz stellt der Alszauberbrunnen die Musiker mit ihren Instrumenten dar. Er wurde nach der Kriegszerstörung 1981 rekonstruiert. Nr. 32 zeigt eines der selten gewordenen Hausschilder aus Glas. Haus Nr. 30 / Elterleinplatz 15 bildet mit seiner Eckkuppel einen markanten Blickpunkt.

Ausgangs- und Endpunkt dieses Rundganges erreichen Sie mit der Straßenbahnlinie 43, Station Elterleinplatz. Besonders attraktiv ist die Gegend in der Fastenzeit, wenn – wie schon seit mehr als 350 Jahren in ungebrochener Tradition – der Kalvarienbergmarkt abgehalten wird. Dann hat auch der Kreuzweg geöffnet. Die Pfarrkirche ist seit einigen Jahren Gegenstand umfangreicher Restaurierungsarbeiten, nachdem der Turm einzustürzen drohte. Alljährlich am 5. Fastensonntag führt der ökumenische Wiener Stadtkreuzweg, an dem rund 1500 Personen teilnehmen, vom Stephansdom zum St.-Bartholomäus-Platz. Das Bezirksmuseum Hernals, Hernalser Hauptstraße 72 – 74, besitzt eines der reichhaltigsten Archive seiner Art (Mo 16 – 20, 1. und 3. So im Monat 10 – 12).

S alzburg in Wien

Rund um den Rupertusplatz in Dornbach scheint die Zeit stehengeblieben zu sein. Seit der Missionierung um die Jahrtausendwende gehört dieses Stück Wien mit seinen Weinbergen dem Salzburger Kloster St. Peter.

Der Wein und die Schrammeln waren im vorigen Jahrhundert gute Gründe für die Wiener, eine Landpartie nach Dornbach zu unternehmen. Dies war lange Zeit mit Strapazen verbunden, denn eine Pferdetramway fuhr erst seit 1866 – und das mit Hindernissen. „Beim Morawek", Ecke **Dornbacher Straße** / Vollbadgasse, war damals ihre Endstation. Das später als Café-Restaurant wegen seines Konzertsaales und großen Gartens beliebte Lokal befindet sich nun im Eigentum der Pfarre. Die Kirche am **Rupertusplatz** ist eine der ältesten im Wiener Raum: 1044 schenkte Graf Sigishard IV. aus dem bayrischen Chiemgau dem Salzburger Stift St. Peter „zwei Edelhuben an der Als". In den Wirren der beiden Türkenbelagerungen resignierten die Mönche und kamen erst um 1700 zurück. Das Gotteshaus wurde immer wieder zerstört, erneuert und vergrößert. 1931 baute es der Architekt Clemens Holzmeister vollständig um. Alte Ansichten zeigen Pfarrhof und Garten mit einer turmbewehrten Mauer umgeben. Im Garten gab es einen Teich (gespeist von der Als) und am Ufer einen romantischen Wohnturm. Dieses älteste erhaltene Gebäude Dornbachs stammt aus dem Jahr 1504. Wolfgang Amadeus Mozart soll sich ebenso wie später Franz Schubert mit den Pfarrherrn zum Musizieren getroffen haben – vielleicht auch zu einem Glas „Dornbacher". Jedenfalls gilt bis heute, wie in einem Wienerlied verewigt: „Der Dornbacher Pfarrer steckt aus."

Der Vorort war aber nicht nur Ausflugsort und Sommerfrische, sondern für die Bürger auch eine beliebte Villengegend. Besonders sehenswert ist **Dornbacher Straße** 62, 1892 erbaut und ein Jahrhundert später mit seiner vergoldeten Turmspitze restauriert. Gegenüber bilden die Häuser Nr. 51 bis 59 ein hübsches Ensemble. Hier zweigt die Andergasse ab, wo sich auf Nr. 8 der Architekt Friedrich Schmidt sein Wohnhaus baute. Seine Büste steht in der Einfahrt. Das Modell der Eisbär-Plastik vom Pezzlpark ist

Renaissance-Relief in der Dornbacher Straße 69

Ein Ahnherr der Gartenzwerge im Schloßpark von Neuwaldegg

ebenfalls von der Straße aus zu sehen. Auf Nr. 69 trägt ein restauriertes Wohnhaus zwei Steinreliefs aus dem 16. Jh. – eine spätgotische „Heilige Familie" und die „Enthauptung eines Ritters" aus der Renaissancezeit. Bei Nr. 76 / Ecke Alszeile steht ein modernes Schrammeldenkmal, die stilisierten Instrumente sind in Salzburger Marmor gemeißelt. Johann Schrammel war Komponist, Geiger und Militärmusiker. Schon als Elfjähriger traten er und sein zwei Jahre jüngerer Bruder Josef gemeinsam mit dem Vater auf. Die Kinder waren so erfolgreich, daß sie eine Ausbildung am Konservatorium erhielten. Josef Schrammel wurde als Geigenvirtuose berühmt, Konzertreisen führten ihn bis in den Orient. Gemeinsam mit dem Gitarristen Anton Strohmeier und Georg Dänzer, der die G-Klarinette, das „picksüße Hölzl" blies, spielten die Brüder als Quartett. Sie machten die Heurigenmusik salonfähig und brachten ihre Erfahrungen als Salonmusiker in die „Volksmusik" ein. Einer ihrer populären Spielorte war das Etablissement „Zur güldenen Waldschnepfe" (Nr. 88). Das von den Gründerzeitarchitekten Avanzo und Lange erbaute charakteristische Haus besteht noch. Nr. 86 / Ecke Zwerngasse entstand 1914, geplant von Oskar Reinhart, der Dornbacher-Hof. Das Jugendstilhaus weist hübsche keramische Dekorationen und oberhalb des Haustors merkwürdige Wesen auf: Eine Mischung aus Nixe und Putto. Nr. 89 ist das stark renovierte alte Bürgermeisterhaus, in dem der letzte Dornbacher Bürgermeister lebte. Das Tor trägt die Jahreszahl 1874. Nr. 97 (mit einem Pferdekopf an der Fassade) steht im Zusammenhang mit Nr. 101, dem Hotel „Zur Kaiserin von Österreich". Franz Schubert und sein Freund Franz Schober verbrachten hier anno 1827 die Sommerfrische. Der Besitzer des Gasthofes hielt zunächst Pferde und Esel zur Beförderung seiner Gäste, später eröffnete er eine eigene Stellwagenlinie nach Wien. Die Wagen fuhren zweimal täglich. Auf Nr. 115 hat man das alte Hauskreuz in der Einfahrt des Neubaues wieder angebracht. Am Ende der Dornbacher Straße wurde zum Dank für das Erlöschen der Pest 1713 eine Kapelle errichtet. Nach deren Abtragung „aus Verkehrsrücksichten" entstand, bei der jetzigen Endstation der Straßenbahnlinie 43, 1910 eine Annenkapelle in barocken Formen. Über ihrem Portal befindet sich eine Darstellung der Heiligen aus dem 16. Jh. Vor der Kapelle pflanzten die Gärtner Dornbachs zum 80. Geburtstag Franz Josephs eine „Kaisereiche".

Hinter der Straßenbahnschleife beginnt in der **Waldegghofgasse** das Areal des Schwarzenbergparks mit dem Barockschloß (jetzt: Bildungshaus Neuwaldegg), das auf Pläne Johann Bernhard Fischer von Erlachs zurückgeht. Reste der barocken Gartenanlage sind die grotesken Zwergenfiguren und zwei Obelisken, die sogenannte Maria-Theresien-Schaukel. 1765 kaufte der Feldmarschall der Kaiserin, Franz Moriz Graf Lacy, den Besitz und ließ ihn zu einem englischen Garten mit Grotten, Teichen und Monumenten umgestalten. Nur noch einzelne Denkmäler sind erhalten, wie der Borghesische Fechter und Ares Ludivisi. Diese Sandsteinfiguren schuf Johann Martin Fischer als Kopien antiker Skulpturen. Das Grab Lacys steht etwa 150 m von der Höhenstraße entfernt im verwalteten Park. Das Mausoleum, in dem sich auf Marmortafeln Inschriften und Familienwappen befinden, hat die Form eines antiken Tempels. Wenige Schritte weiter trägt ein bemooster Stein die Aufschrift „Tamerlanka". Nach der Überlieferung soll hier das Schlachtroß des Feldherrn begraben sein.

Da dieser Spaziergang an den grünen Stadtrand führt, handelt es sich nicht um eine „Runde" im üblichen Sinn. Ausgangspunkt ist die Station Dornbacher Straße der Straßenbahnlinie 43 und der Autobuslinie 44 B. Hinter dem Bildungshaus Neuwaldegg beginnt die Schwarzenbergallee, die schnurgerade zur Marswiese führt. Rechts sehen Sie das Retentionsbecken der Als, links (bei der Neuwaldegger Straße, Amundsengasse) fließt der Bach noch offen und speist den Hanselteich. Genießen Sie den Park, und kürzen Sie den Rückweg mit den Buslinien 243 und 443 von der Marswiese oder 43 B von der Höhenstraße bis zur Endstation des 43ers ab.

Badstube, Berghof und Biersack

Der Gertrudplatz war einst der Hauptplatz Währings. Vor 400 Jahren befanden sich dort nebeneinander Kirche, Schule, Bad und der Berghof als Verwaltungszentrum. Seit dem Umbau zur Fußgeherzone ist der Kirchenplatz mit dem Kutschkermarkt wieder Mittelpunkt des Bezirks.

Schon 1232 nennt eine päpstliche Bulle den Hof zu Wahring und die Gertrudkapelle. Im (Wein-)Berghof, der sich anstelle der renovierten Gründerzeithäuser **Währinger Straße** 91 – 93 befand, wurden die Abgaben der Untertanen registriert. Daneben bildete die Kapelle den Kern der kleinen, mittelalterlichen Siedlung. Um 1365 vergrößerte man die Kapelle als Kirche, um 1400 wurde Währing Pfarre. Als in der Barockzeit der gotische Bau einzustürzen drohte, wurde er 1753 erneuert. 1934 baute Architekt Karl Holey Richtung Norden ein modernes Langhaus und beließ die alte Kirche mit ihrem Hochaltar als Querschiff. Die Marienstatue vor der Kirche hat 1813 ein Hausbesitzer gestiftet. Damals gab es in Währing noch einen Bader, einen späten Nachfahren jener „niederen Heilspersonen", die zur Zeit der Kreuzzüge in den Badstuben ihren Dienst versahen. Eine solche befand sich einst neben dem Berghof. Im Pestjahr 1713 zählte Währing 41 Häuser, 120 Jahre später waren es 150. Ein Marterl aus dem Jahr 1605 erinnert an das Erlöschen einer früheren Pestepidemie. Es wurde beim Neubau von Nr. 109 an der Fassade eingemauert und 1906 renoviert. Auf Nr. 124 / Martinstraße 100 errichteten die Währinger 1890/91 ihr Rathaus. Seit 1965 hat das Bezirksmuseum Ausstellungsräume im Amtsgebäude. Bei Nr. 123 befindet sich im

1924/25 angelegten Schubertpark ein Gräberhain des Währinger Ortsfriedhofes. Es war ein Nobelfriedhof, auf dem u.a. Franz Schubert, Ludwig van Beethoven, Franz Grillparzer, Johann Nestroy und Eduard van der Nüll ihre Ruhestätte fanden.

In dieser Gegend entstand ein interessantes Jugendstil-Ensemble. Allerdings sind nicht alle Häuser so gut restauriert wie der Cottage-Hof Nr. 125 / Teschnergasse 41 – 43, der mit repräsentativem Entree 1902 – 1905 von Hans Dworak für Paul Dumont erbaut oder das Bezirkspolizeikommissariat Währing, Klostergasse 31 – 33/ Schulgasse 88, das 1906 mit grünen Kacheln an der Fassade gestaltet wurde. Bemerkenswert ferner Währinger Straße 145, 147 und

Unikat im Hinterhof: Der „luckerte Stein" aus dem Jahr 1637 in der Gentzgasse 72

149 / Klostergasse 16 mit der Apotheke „Zum schwarzen Adler", **Schulgasse** 80 / Ecke Vinzenzgasse, 82, 84 und 86 / Ecke Klostergasse, ein Block aus vier gleichen Häusern, **Vinzenzgasse** 9 mit monumentalen Masken, Aumannplatz / **Währinger Straße** 164, Nr. 166 (mit romantischem Dekor, z. B. Windmühlen). Auf Nr. 170 zeigt der Johanneshof eine beeindruckende secessionistische Front, in die eine barocke Johannesstatue integriert wurde. Die Einfahrten des denkmalgeschützten Hauses sind mit Putten geziert, die Stiegenhausfenster geätzt.

Die **Weinhauser Gasse** mündet mit symmetrisch angelegten Häusern, die mächtige Eckkuppeln tragen, in die **Gentzgasse** (Nr. 125, 127). Nr. 142 ist die Pfarrkirche

„Zum hl. Josef", ein Werk des Dombaumeisters Friedrich Schmidt. Hinter dem Sichtziegelbau verläuft ein Rosenkranzweg auf drei Ebenen der Anhöhe zur Türkenschanze. Auf Nr. 124 – 126 / Ecke Köhlergasse entstand eine der modernsten Ganztags-Volksschulen Wiens nach Plänen von Hans Hollein.

Türkenschanzstraße 17 lautet die Adresse der Universitäts-sternwarte. Sie wurde von den vor allem als Theaterarchitekten bekannten Ferdinand Fellner und Hermann Helmer in den sieb-ziger Jahren des 19. Jhs. inmitten eines großen Parks errichtet. Der Refraktor der Universitätssternwarte war das größte Linsen-fernrohr der damaligen Zeit.

Gentzgasse 104 / Ecke Lazaristengasse bilden vier Heiligen-figuren Blickpunkte an der Fassade des St. Carolus-Heimes. Nr. 72 befindet sich ein Terrakottarelief, das Joseph II. auf die römisch-deutsche Kaiserkrone gelehnt darstellt. Es erinnert an den Besuch des Kaisers in der Bierschenke in einem Vorgänger-bau. Der Hof bietet eine weitere Überraschung, den „luckerten Stein". Die 1,30 m große Säule ist in ca. 90 cm Höhe durchbohrt. Unter dem Loch mit einem Durchmesser von ca. 10 cm steht die

Schubert-Reminiszenzen in Währing, Kutschkergasse 44

Jahreszahl 1637. Bei diesem einzigartigen Rechtsdenkmal handelt es sich um einen Grenzstein des Wiener Burgfriedens.

Die Bezeichnung der **Cottagegasse** bezieht sich auf den Wiener Cottageverein, der nach Ideen von Heinrich Ferstel und Rudolf Eitelberger 1872 gegründet wurde. Im Geviert Cottagegasse, Sternwartestraße, Gymnasiumstraße, Haizingergasse entstand eine Gartenstadt nach englischem Modell. Die Villen für ein bis zwei Familien folgen in historistischer Manier englischen, französischen und italienischen Vorbildern. Merkwürdig romantisch nehmen sich in der **Hofstattgasse** 14 ein 1903 erbautes Wohnhaus, das wie ein Dornröschenschloß wirkt, und der gegenüberliegende Augusten-Hof (Nr. 15) aus.

In der **Kutschkergasse** 44 hat das (nach seinen Besitzern so benannte) Gasthaus „Zum Biersack" durch eine Anekdote um Franz Schubert Berühmtheit erlangt. Einmal soll dieser zwar den Einfall zu einer Komposition, aber kein Notenpapier gehabt haben. Die Freunde zogen kurzerhand Linien auf der Rückseite einer Speisekarte und sahen wenig später die fertige Komposition vor sich, das Ständchen „Horch, horch, die Lerch' im Ätherblau".

In der **Gentzgasse** 10 wurde der barocke Barnabitenfreihof mit seinem Gartensaal und Kapelle in eine Wohnanlage integriert. Der Orden übte 1728 bis 1857 die Grundherrschaft in der Gegend der Gentzgasse aus. In den historischen Sälen und der ehemaligen Kapelle sind die Schwedische Kirche und Schule stilvoll untergebracht. Bei Nr. 14 befindet sich im Hof eine Nepomukfigur. Sie stand wohl einst am Währinger Bach, dessen Bett sich etwa im Durchhaus Nr. 21 / Währinger Straße 100 – 102 noch gut erkennen läßt.

Ausgangs- und Endpunkt dieses Weges ist die Station Kutschkergasse der Straßenbahnlinien 40 und 41. Öffnungszeiten des Bezirksmuseums Währing, Währinger Straße 124: Do 18 – 20, So 10 – 12. Der Sternwartepark ist nach Absprache mit dem Institut für Astronomie zugänglich, der Gräberhain im Schubertpark nach Anmeldung bei der MA 42 (Mo – Fr 8 – 14).

asser und Wein von heiliger Stätte

Vor 150 Jahren war Heiligenstadt für die Heilquellen mindestens so berühmt wie für den Wein. Seinen Namen verdankt der Ort dem heiligen Severin. Er war der erste „Caritasdirektor" Österreichs – zur Völkerwanderungszeit.

Auf der **Hohen Warte** 72 befindet sich die gotische St.-Michaels-Kirche. Sie war, wie üblich, von einem Friedhof umgeben. Hinter ihr stehen noch die Reste des einzigen Karners, die sich in Wien erhalten haben. Das Gotteshaus hat Architekt Richard Jordan in den neunziger Jahren des 19. Jhs. so gründlich renoviert, daß es bis auf die Grundmauern abgetragen und in gotischen Formen neu aufgebaut wurde. Die Kreuzwegbilder stellen zeitgenössische Geistliche und Politiker als Begleitfiguren dar. Unter ihnen ist Kaplan Roman Scholz, der 1944 als Führer einer Widerstandsgruppe hingerichtet wurde.

Die **Armbrustergasse** beginnt mit einem Ensemble aus Biedermeierhäusern (Nr. 1, 3, 5). Auf Nr. 15 hat in der ehem. Kanzler-Residenz das Bruno-Kreisky-Forum für internationalen Dialog seinen Sitz.

In der **Probusgasse** 6 schrieb Ludwig van Beethoven im Oktober 1802 seinem Bruder den als „Heiligenstädter Testament" bekannten Brief, der allerdings nie abgeschickt wurde.

Pfarrplatz 2, ein ländlich wirkendes Doppelhaus, ist ebenfalls mit Reminiszenzen an Beethoven verknüpft. Er wohnte 1817 in dem romantischen Weinhauerhaus. Den Mittelpunkt des Platzes bildet eine bemalte Statue des – jugendlich dargestellten – Johannes Nepomuk. Die alte Heiligenstädter Kirche (St. Jakob) wird mit dem hl. Severin in Zusammenhang gebracht. Der Ortsname Heiligenstadt soll von einer als „Locus Sanctus" bezeichneten Begräbnisstätte kommen, die sich nach der Überlieferung in der St. Jakobs-Kirche befand. 1952 stieß man bei Renovierungsarbeiten auf ein aus Ziegeln gemauertes Grab aus dem 5. Jh. und Mauerreste, die als Taufbecken gedeutet wurden. Durch einen großen Torbogen gelangt man zum Beethovensaal, zum renovierten Pfarrhaus und Pfarrgarten. Auch bei Nr. 5 stieß man auf historisches Gemäuer. Hier pflegt der „Beethoven-Gasthof" im „ältesten Haus von Wien", so die Werbetafel, die Tradition des Restaurants „Zur schönen Aussicht", von dem aus man den Fernblick über die Umgebung genießt. Im Biedermeier war es besonders bei den Kurgästen beliebt, die sich, wie auch Beethoven, von Trink- und Badekuren im Heiligenstädter Bad Hilfe versprachen. Dieses, auf dem Areal **Grinzinger Straße** 78 – 88, war schon den Römern bekannt. Nach dem Versiegen der Heilquelle wurde 1905 der Heiligenstädter Park angelegt. Seit 1910 steht darin ein Beethovendenkmal aus Marmor von Robert Weigl. Weitere Sehenswürdigkeiten des Jugendstils entdeckt man rund um die Schleife der Endstation der Linie 37. Ecke **Steinfeldgasse** 8 / Geweygasse 13

Der Karl-Marx-Hof: ein bewohntes Denkmal

baute Josef Hoffmann 1900/01 das erste der „Hohen-Warte-Häuser" für seine Künstlerkollegen Kolo Moser und Carl Moll. Weitere Bauten dieses Ensembles finden sich unter den Adressen Steinfeldgasse 4 (Villa Spitzer), Wollergasse 10 (Villa Moll II) und Steinfeldgasse 2 / Wollergasse 12, wo Alma Mahler-Werfel einen prominenten Salon führte.

An der **Geweygasse** befanden sich die Gärten und die Villa Rothschild. Sie wurden 1945 zerstört, nur Pavillons beim Parkeingang erinnern an die einstige Pracht. Die seltenen Orchideen, die Nathaniel Freiherr vom Rothschild auf eigenen Expeditionen nach Wien bringen ließ, befinden sich nun im städtischen Reservegarten in Hirschstetten.

Der mit Recht so genannte **Aussichtsweg** führt zur tiefer gelegenen **Heiligenstädter Straße**, wo der mehr als 1 km lange Karl-Marx-Hof (Nr. 82 – 92) eine kunst- und zeitgeschichtliche Sehenswürdigkeit der Zwischenkriegszeit darstellt. Karl Ehn baute ihn 1926 – 1930 für 5000 Mieter. Mit Bauplastiken und Grünanlagen gestaltet, ist er ein hervorragendes Beispiel des Art Deco-Stils in der Wiener Architektur. 60 Jahre nach der Erbauung

Japan in Wien: Der Setagaya-Park auf der Hohen Warte

wurde das „bewohnte Denkmal" großzügig revitalisiert und die Wohnqualität modernen Standards angepaßt.

Nach der Schließung des Bades **Hohe Warte** 8 entstanden auf dem Areal, das auch als Filmstadt Verwendung gefunden hatte, ein Pensionistenheim für 300 Senioren und der Japanische Garten. Der 1992 eröffnete Setagaya-Park verdankt seine Existenz einem Freundschaftsvertrag, den Bezirksvorsteher Adolf Tiller 1984 mit dem Bürgermeister von Setagaya bei Tokyo, Keiji Ohba, schloß. Der Garten wurde von Prof. Ken Nakajima und mit Unterstützung aus Japan angelegt und soll die Harmonie einer japanischen Landschaft wiedergeben. Dazu gehören Quelle, Wasserfall, Teich, Pagode, Steinlaterne, Teehaus und Himmelslaube sowie – vor dem Eingang – der Stein Furomon zum Abstreifen der Alltagssorgen. Bei Nr. 3 steht vor dem städtischen Kinderheim ein Denkmal, das eine fürsorgliche Mutter und das Relief der Stifterin der Waisenhäuser, Franziska Gräfin von Andrassy, zeigt. Das Haus für Knaben bot 200 Buben Platz. Ihre von Theophil Hansen errichtete zweistöckige Villa (Nr. 5) testierte sie als Heim für 50 Mädchen. Nr. 19, die Kattus-Villa, hat einen efeu-umrankten Turm mit einer gewölbten, an vier Seiten offenen Loggia und prächtige Schmiedeeisengitter. Nr. 32, das jetzige Polizeikommissariat Döbling, war 1871 – 1938 das israelitische Blindeninstitut. Nr. 38 – 40 gilt als die Hohe Warte schlechthin. Der Votivkirchen-Architekt Heinrich Ferstel entwarf das Hauptgebäude der Zentralanstalt für Meteorologie und Geodynamik. Nr. 31 ist ein repräsentatives Biedermeierlandhaus. Davor befindet sich das „Severinkreuz", ein Breitpfeiler, in dessen Nische ein bärtiger Heiliger abgebildet ist.

Ausgangs- und Endpunkt dieser Runde ist die Endstelle der Straßenbahnlinie 37. Öffnungszeiten: Bruno-Kreisky-Forum, Bibliothek, Armbrustergasse 15 (Mo + Di 9 – 13, Mi + Do 13 – 17), Beethoven-Gedenkstätte „Heiligenstädter Testament", Probusgasse 6 (Di – So 9 – 12.15 + 13 – 16.30), Archäologische Ausgrabungen, Heiligenstädter Pfarrplatz (So + Fei 15 – 18), Setagaya-Park, Hohe Warte 8 (Mo – So 8 – 19).

Beim Pfaff vom Kahlenberg

Das Kahlenbergerdorf, ein Malerwinkel unserer Stadt, wird kurz „Dörfl" genannt. Am Fuß der Wiener Hausberge gelegen, hat es trotz massiver Umbauten der Umgebung seinen romantischen Charme bewahrt.

Das „Dörfl" hat kaum zehn Gassen, die meisten enden in den Weinbergen. Schon im 12. Jh. besaß das Stift Klosterneuburg Güter im Kahlenbergerdorf. Seit damals besteht die Kirche mit der sie umgebenden Befestigung. Ihr berühmtester Priester war der sogenannte Pfaff vom Kahlenberg. Er pflegte seine Schäfchen humorvoll zur Kasse zu bitten. Einmal versprach er sogar, vom Kirchturm aus über die Donau zu fliegen. Allerdings wollte er der durstenden neugierigen Menge nur seinen sauren Wein verkaufen. Als dieses Ziel erreicht war, meinte er: „Habt ihr jemals einen Menschen fliegen sehen? Nein? Dann werdet ihr das auch jetzt nicht sehen!" Und verließ seinen luftigen Standort. Seit 1981 steht sein Denkmal, modelliert vom Bildhauer Rudolf Friedl, an der Babenberger-Mauer bei der Kirche. Die Biographie des österreichischen Till Eulenspiegel ist schwer zu fassen. Der Kahlenberger war wohl Hofnarr bei Herzog Otto dem Fröhlichen, aber nicht einmal über seinen Namen sind sich die Gelehrten einig. Er könnte Gundakar von Thernberg geheißen haben (wie die Inschrift auf dem Denkmal besagt), denn ein Mann dieses Namens scheint um 1330 in den Urkunden als Pfarrer auf, aber ebenso Wigand von Theben (worauf ein Straßenname verweist). Vielleicht ist die Gestalt überhaupt literarischer Phantasie entsprungen.

Die Kirche am **St. Georgs-Platz** 1 ist der Mittelpunkt der Siedlung. Das prächtige Schmiedeeisentor bei der Emilienstiege stammt vom „Vater" des Rathausmannes, Alexander Nehr. Im Vorgarten der Kirche steht seit 1970 ein gotischer Bildstock, der sich einst an der Straße befand. 1893 wurde er dort von einem Fuhrwerk umgeworfen und zerstört. Es ist ein schlanker, hoher Pfeiler, die Reliefs in den reich verzierten Nischen des Tabernakels zeigen einen Schmerzensmann, die Kreuzigung, St. Leopold und eine Schutzmantelmadonna mit den Stiftern. Nach Zerstörungen bei der Ersten Türkenbelagerung erhielt die Pfarrkirche ihre heutige Form in der Barockzeit. Die stark über-

Der „Pfaff vom Kahlenberg"

malte Madonna am linken Seitenaltar stammt wohl aus der Zeit um 1500. Rechts im Chorraum ist nun das Gemälde „Anbetung der Könige" angebracht, das um 1670 in venezianischem Stil gemalt wurde.

Lange Zeit gab es im Kahlenbergerdorf keinen Pfarrhof. Erst 1847 erwarb das Stift Klosterneuburg den alten Lesehof des Benediktinerklosters Vornbach am Inn, das hier ebenfalls Weingärten besaß, um an seiner Stelle, **Bloschstraße** 2, ein Pfarrhaus zu errichten. Nr. 3, bei der Hirnbrecherstiege, ist als Sgrafittohaus bekannt. Es zeigt die in Wien seltene Art der Fassadendekoration mit einem Mäandermuster um die Fenster und ist mit der Jahreszahl 1617 versehen. Das Haus Wigandgasse 37 weist Eckquaderungen, das Klosterneuburger Wappen und die Jahreszahl 1710 auf.

Einen großen Aufschwung nahm das Dörfl in der Barockzeit. Der Hof entdeckte die günstigen Jagdmöglichkeiten. Entlang des Waldbachweges legte man einen Wildgarten an. Das kaiserliche Jagdschloß, **Zwillinggasse** 1, diente später als Kinderheim und befindet sich nun in Privatbesitz. Die Straßenfassade ziert eine überlebensgroße Immaculata-Statue aus der Zeit um 1730, während die Gartenfront mit Säulen und einem Porticus mit dreieckigem Giebelfeld empirehaft-nobel gestaltet ist.

Die **Geigeringasse** führt zum **Nasenweg**, der Direttissima auf den Leopoldsberg. Beim wiederhergestellten Fußgängerdurchgang zur Kuchelau steht ein verfallenes, barockes Gartenportal, das einen mit „L" bezeichneten Wappenstein trägt. Seit der Eingemeindung der Vororte, 1892, liegt das Kahlenbergerdorf nahe der Stadtgrenze. Daran erinnert das – später als Polizeigebäude genutzte – Verzehrungssteuer-Linienamt am Nordende des Ortes. Jetzt wird der Ortseingang des Dörfels, das wegen seiner stimmungsvollen Heurigen gerne besucht wird, bei der Unterführung durch eine alte Weinpresse markiert.

1877 baute der Österreichische Touristenklub den Nasensteig zu einem bequemen Wanderweg aus. Schon vorher, im Weltausstellungsjahr 1873, hatte man, außerhalb des Kahlenbergerdorfes, eine Drahtseilbahn auf den Leopoldsberg in Betrieb genommen. In fünf Minuten überwand sie den Höhenunterschied von 340 Metern auf einer Strecke von 725 Metern. Nur ein Jahr später erhielt diese technische Neuheit Konkurrenz von der Zahnradbahn, die dampfbetrieben auf den Kahlenberg fuhr. Es dauerte nicht lange, bis die Kahlenberg-Gesellschaft die Seilbahn kaufte, nur um den Mitbewerber auszuschalten. Trotzdem versuchten verschiedene Interessenten immer wieder, Konzessionen für eine Bahn auf den Leopoldsberg zu erlangen. Projekte sahen (1926) eine Seilschwebebahn vom Kahlenbergerdorf auf den Leopoldsberg und weiter zum Kahlenberg und Cobenzl ebenso vor wie einen Schrägaufzug für Automobile (1935). All diese Pläne erwiesen sich als hinfällig,

Blick vom Kahlenbergerdorf auf den Leopoldsberg

als ein Vorhaben realisiert wurde, das schon zu Zeiten des Bürgermeisters Lueger bestanden hatte: Im Sommer 1934 begann der Bau der Wiener Höhenstraße, der 1938 seinen Abschluß fand. Sie wurde als „Nur-Autostraße" ohne Gehsteige angelegt. Der „Höhenweg" als Fußgeher-Promenade verläuft in sicherer Entfernung. Mit dem Bau der Höhenstraße hat man auch den Nasenweg großzügig adaptiert.

Der **Leopoldsberg** wird gern mit Sagen und Legenden um den Babenberger Leopold III. und seine Frau Agnes in Verbindung gebracht. Am bekanntesten ist die Schleierlegende, die erzählt, der Markgraf habe das Stift Klosterneuburg an jener Stelle gegründet, wo er den Brautschleier seiner Gemahlin auf einem Holunderbaum fand. Der Wind habe den Schleier vom Leopoldsberg dorthin getragen. Ende des 13. Jhs. gab es hier eine befestigte Burg mit einer Georgskapelle. 1679 legte der Habsburger-Kaiser Leopold I. den Grundstein einer Kirche zu Ehren seines Namenspatrons. Erst seit ihrer Weihe heißt der Berg Leopoldsberg. Bis dahin nannte man ihn Kahlenberg und den heutigen Kahlenberg – wegen der dort zahlreich vorkommenden Wildschweine – Sauberg. Die Kirche war noch nicht fertig, als 1683 darin ein historischer Gottesdienst stattfand: Vor der Entsatzschlacht der Zweiten Türkenbelagerung zelebrierte der päpstliche Nuntius Marco d' Aviano eine Messe, bei der Polenkönig Johann Sobieski den Ministrantendienst übernommen haben soll. Im einstigen Bergfried wurde 1948 ein Heimkehrer-Gedächtnismal errichtet. Ein Kunststeinrelief beim Aussichtsplatz vor der Kirche zeigt eine Darstellung des mittelalterlichen Wien.

Ausgangs- und Endpunkt dieses Weges ist die Station Kahlenbergerdorf der Franz-Josefs-Bahn oder einer der Buslinien (239, 241, 341), die von der U4 und U6-Endstelle Heiligenstadt abfahren. Wenn Sie gut zu Fuß sind, können Sie vom Leopoldsberg, an der Josefinenhütte vorbei, zum Kahlenberg wandern. Falls das zu anstrengend ist: in der schönen Jahreszeit bringen Sie untertags Busse der Linie 39 A in nur fünf Minuten von einem Berg zum anderen.

ien dörflich

Grinzing ist das international bekannteste der „Dörfer unter dem Himmel". Gäste aus aller Herren Länder kommen, um Wien und den Wein zu erleben. Doch gibt es hier auch für Wiener eine Menge zu entdecken.

Die alten Hauerhäuser sind zwar für touristische Erfordernisse adaptiert, doch wenn man etwas näher hinsieht, kann man die historischen Bauformen noch gut erkennen, zum Beispiel in der **Sandgasse**, wo die Heurigen rund um die Dreifaltigkeitssäule ein hübsches Ensemble bilden (Nr. 5, 7, 9, und 14, 12, 10, 8, 6, 4). Der Bildstock im Unteren Ort stand zuvor am Laaerberg, in Kaiser-Ebersdorf und auf dem Schwendermarkt. Vorder- und Rückseite zeigen die gleiche Darstellung von Gott Vater, Sohn und heiligem Geist.

Der Dorfplatz wird von zwei Straßenzügen gebildet, zwischen denen einst der Nesselbach floß. Das Gefälle und der gekrümmte Verlauf mit den seinerzeit am Ufer erbauten, jetzt unter Ensembleschutz stehenden Häusern bietet reizvolle Perspektiven, z.B. **Cobenzlgasse** Nr. 20 – 30. In der ehemaligen Hofschenke, Nr. 22, schwor Robert Stolz musikalisch „Ich bin in Grinzing einheimisch". Nr. 30, der Trummelhof, ist das älteste Gebäude des Weinortes. Sein Name soll sich von den Trümmern ableiten, die man als Reste eines römischen Wachtturmes fand. In der Babenbergerzeit bestand hier ein befestigtes Anwesen, später war der Besitz Kloster, Wirtschaftshof und Brauerei. Am oberen Ende des Dorfplatzes steht eine baldachinartige Johannes-Nepomuk-Kapelle. Nach der Überlieferung wurde die Statue bei einer Renovierung 1915 umgedreht, denn ein Hausbesitzer, der für die Kosten aufkam, wollte nicht, daß ihm die Figur den Rücken zeige.

Hauerhäuser, wie das Ensemble **Himmelstraße** 29 – 37, stehen im Kontrast zum repräsentativen Jugendstilhaus Nr. 41 – 43. Darin wohnten Prominente, wie Bürgermeister Karl Seitz oder Generalmusikdirektor Karl Böhm. Hinter der schloßartigen Fassade der Malerakademie, Nr. 30, verbirgt sich einer der ersten Eisenbetonbauten Wiens – errichtet 1911 von Friedrich Ohmann. Alois Delug, Lehrer an der Kunstakademie, wollte seinen Schülern hier das richtige Ambiente für die Freiluftmalerei bieten. Auf Nr. 45 / Straßergasse 36, baute sich Heinrich Ferstel 1864 seine Villa. Im Ideal der Gründerzeit gestaltete er sie aus Haustein und zweifarbigen Sichtziegeln mit pittoresken Erkern und Balkonen.

Gegenüber, bei Straßergasse 57, führt der **Rosenweg** an der Rückseite des Grinzinger Friedhofs zum **Stefan-Esders-Platz**.

Himmelstraße 31: Fresko des Weinpatrons St. Urban

Schon nach 100 Schritten taucht der malerische Turm der Kaasgrabenkirche auf. Der Großindustrielle Esders, dessen Relief sich im Vorraum der Kirche befindet, stiftete den neobarocken Bau um die Jahrhundertwende. Die Kirche „Zu Mariä Schmerzen" thront auf einer zweiläufigen Freitreppe, an deren Wänden Kreuzwegstationen angebracht sind. Zuvor befand sich dort der „Wallfahrtsheurige". Ein Fuhrwerksunternehmer baute eine Kapelle um die Pietà, zu der noch heute Wallfahrten abgehalten werden, und sorgte auch für die Stärkung und

Der Trummelhof ist das älteste Gebäude Grinzings

Unterhaltung der Pilger. Kein Wunder, daß die alteingesessenen Heurigenwirte dies als unlauteren Wettbewerb betrachteten. Schließlich führten ihre Beschwerden zur Schließung der unliebsamen Konkurrenz.

Während die **Kaasgrabengasse** in der Folge westlich zu den Weinrieden führt, wird sie östlich von der Suttingergasse gequert. Josef Hoffmann baute Nr. 30 – 32, 36 – 38 / Suttingergasse 12 – 14, 16 – 18 eine Villensiedlung für prominente Auftraggeber, wie den Musiker Egon Wellesz.

Fortschrittliche katholische Ideen fanden in der **Alfred-Wegener-Gasse** / Ecke Leopold-Steiner-Gasse Ausdruck. Clemens Holzmeister baute 1926 die Neulandschule anstelle einer Barackensiedlung aus dem Ersten Weltkrieg.

Die Straßenbezeichnung **An den langen Lüssen** übernahm einen Flurnamen, der besagt, daß die Felder einst durch das Los vergeben wurden. Die Straße führt direkt zum Grinzinger Friedhof. Der Grinzinger gilt als Nobelfriedhof. Unter anderem sind hier die Architekten Heinrich Ferstel, August Siccardsburg, Ferdinand Fellner, der Maler Leopold Kupelwieser und der Komponist Gustav Mahler begraben.

In der **Managettagasse** 1 trifft man wieder auf Ferstel, 1871/72 baute er die Volksschule. Die Gasse führt zur Grinzinger Kirche, **Himmelstraße** 23. 1417 – 1426 taten sich zwölf Weinhauerfamilien zusammen, um aus eigenen Mitteln eine Kirche zu bauen. Doch erst unter Joseph II. wurde das Gotteshaus zur Pfarrkirche. Die spätgotische Anlage, deren Turm mit einem barocken Kupferhelm bekrönt ist, entspricht dem Typus einer Dorfkirche. Das Sakramentshäuschen an der Ostwand stammt aus der Erbauungszeit. Nach einer Regotisierung Ende des 19. Jhs. wurde die nachkonziliare Umgestaltung zum 200-Jahr-Jubiläum begonnen. So schuf Günther Kraus Altar und Ambo als „Tisch des Brotes" und „Tisch des Wortes". Die Kreuzigungsgruppe im Chorraum stammt von der barocken Einrichtung der Kirche, ebenso das Taufbecken. Am Pfarrhof, Nr. 25, kündet eine Tafel, daß Franz Schubert und sein Freundeskreis „oft und gerne" in Grinzing weilten. Der stadteinwärts führende Teil der Himmelstraße (Nr. 21 – 3) begrenzt den Dorfplatz und zählt, mit dem malerischen Zwiebelturm im Blickpunkt, zu den beliebtesten Postkartensujets unserer Stadt. Auf Nr. 4 / Cobenzlgasse 3 komponierte Edmund Eysler die Operette „Bruder Straubinger". Die Gleisschleife der Straßenbahn mit dem repräsentativen Betriebsgebäude entstand kurz vor dem Ersten Weltkrieg.

Ausgangs- und Endpunkt dieser Runde ist die Endstation der Straßenbahnlinie 38. In Grinzing lohnt es sich, in jedes Haus hineinzuschauen, nicht nur weil der „grüne Buschen" winkt. Wenn Sie aber gerne durch Weingärten wandern, folgen Sie der Kaasgrabengasse bis zur Bellevuehöhe hinan, und genießen Sie dort die schöne Aussicht. Die Himmelstraße führt wieder nach Grinzing. Vielleicht haben Sie auch Lust, vom Stefan-Esders-Platz über den malerischen Schulsteig weiterzugehen. Dann gelangen Sie zur Sieveringer Straße und kommen von dort zur Daringergasse mit dem Daringerkreuz und zum Daringerhof. Die Gasse führt dann schräg zur Grinzinger Allee zurück.

Feldherr und Friedensbrücke

Noch im vorigen Jahrhundert machte die Brigittenau ihrem Namen alle Ehre: eine wilde Aulandschaft. Bekannt war sie auch für ihr Volksfest und die Vergnügungsstätten. Mit Bahnbau und Donauregulierung begann der Wandel zum dicht verbauten Bezirk.

Ein Blick auf den Stadtplan zeigt die (seit 1670 so genannte) Brigittenau als Dreieck zwischen Donau und Donaukanal, das von Gleisanlagen halbiert wird. Im Norden, am Brigittenauer Sporn, ist die Planzeichnung noch grün. Je stadtnäher, umso „grauer" wird die Stadtlandschaft. Allerdings verbergen sich hier bemerkenswerte Jugendstil-Ensembles. Straßennamen wie Wolfsaugasse im Rasterviertel erinnern an die wilde alte Zeit. Die Wolfs-Au war das erste Zentrum, nach ihr hieß die Brücke, die in der Nähe der Kapelle zum linken Donauufer führte, Wolfsbrücke und der Brückenkopf Wolfsschanze. Diese Befestigung spielte in kriegerischen Auseinandersetzungen immer wieder eine Rolle. Weil die Donau durch die Hochwässer gefährlich war und auch ihren Lauf ständig änderte, wurde um das Jahr 1700 die Hauptstraße, die nach Böhmen führte, verlegt. Der neue Weg ging über die Taborbrücke, an der sich nun rasch Siedlungen entwickelten. Die Wolfs-Au geriet in Vergessenheit.

Hingegen wurde die **Friedensbrücke** zum Impuls für die Entwicklung der Hauptgeschäftsstraße der Brigittenau, der Wallensteinstraße, die nach dem Feldherren des Dreißigjährigen Krieges so benannt ist. Der leistungsfähige Übergang über den Donaukanal war eines der ersten Großbauvorhaben der Gemeindeverwaltung in der Zwischenkriegszeit. 1924 wurde die alte Brigittabrücke 20 m flußaufwärts verschoben und diente für zwei Jahre als Provisorium. 1926 war die neue Verbindung zwischen dem Alsergrund und der Brigittenau fertig. Über die Brücke führt die Straßenbahnlinie 5.

Zwischen **Brigittenauer Lände**, Treustraße und Hirschvogelgasse entstand als Dominante am Donaukanal ein modernes Versicherungsgebäude. **Romanogasse** 20 wurde mit Hilfe der Gebietsbetreuung Brigittenau ansprechend saniert. Zwischen Pappenheimgasse, Klosterneuburger Straße und Jägerstraße erbaute die Gemeinde Wien in jüngster Zeit eine Wohnhausanlage. Ein Beispiel für einen Gemeindebau der Zwischenkriegszeit ist hingegen der Georg-Schmiedl-Hof **Hannovergasse** 13 – 15 / Kluckygasse 16 – 18. Der Idee von „Kunst am Bau" entspricht der ornamentale Keramikfries „Vindobona" beim Portal in der Kluckygasse. Nr. 17 / Othmargasse 38 zeigt einen hl. Florian aus dem Jahr 1910 als Hauszeichen an der Ecke. An Nr. 21 verraten die Fassadendekorationen ebenfalls Einflüsse des Jugendstils. Der Hannovermarkt – nach der Königsfamilie von Hannover, die sich 1866 in Wien aufhielt, benannt – führt zum Zentrum des Bezirks.

Die Pfarrkirche am **Brigittaplatz** stammt von Friedrich Schmidt. Der Dombaumeister entwarf einen Sichtziegelbau in gotischen Formen mit einem Dach aus bunt glasierten Ziegeln. Im

Kunst am Bau: „Vindobona" am Georg-Schmiedl-Hof in der Hannovergasse. Schmiedl war Mitbegründer der „Naturfreunde".

Das Amtshaus zeigt eine unkonventionelle Stil-Mischung.

Inneren ist der offene Dachstuhl sichtbar, sodaß die Kirche hell und leicht wirkt. Das Gotteshaus hat an der Front eine Vorhalle und zwei Türme. Auf Nr. 10 sind das Bezirksamt und die Bezirksvorstehung in einem architektonisch interessanten Haus untergebracht. Es wurde 1904 – 1906 von Karl Badstieber in einer eigenwilligen Mischung aus neogotischen und secessionistischen Formen erbaut. Ein Schmiedeeisentor mit Doppeladler führt in das gewölbte Stiegenhaus. Als derselbe Architekt zwei Jahrzehnte später den Auftrag zum angrenzenden Wohnhaus (Nr. 11 – 13 / Raffaelgasse 9) erhielt, glich er diesen Bau der Fassade des Bezirksamtes an. Die Häuser Nr. 17, mit schönem Entrée, und Nr. 18 aus dem Jahr 1906 weisen Dekorelemente des Jugendstils auf.

Teile der **Greiseneckerstraße** (Nr. 16, 17 – 23) zeigen sich nun revitalisiert. Richtung **Raffaelgasse** (Nr. 1, 1b, 4, 6) und **Kaschlgasse** (Nr. 1, 2 / Ecke Wallensteinstraße, 3, 5) wurden ganze Häuserblocks in den Jahren vor dem Ersten Weltkrieg einheitlich verbaut.

Der fast quadratische **Wallensteinplatz** liegt am Schnittpunkt von Jägerstraße und Wallensteinstraße. Das Apothekerhaus Nr. 2 / Jägerstraße 34 wurde von den Gebrüdern Drexler

1894 erbaut. Sie gestalteten es in Renaissanceformen mit einem überkuppelten Eckerker. Das erst 1911 erbaute Nachbarhaus Nr. 2a paßt sich dieser Gestaltung an. Nr. 3 – 4 wurde 1898 mit symmetrischer, barockisierender Gliederung errichtet. Bei Nr. 5 – 6 ist das an drei Seiten freistehende große Eckhaus ein markanter Blickpunkt. Das 1913 in neoklassizistischen Formen entstandene Zinshaus, in dem sich ein Theater befand, weist Erker und zwei Ecktürme mit Kuppeln auf.

In dem an Denkmälern nicht gerade reichen 20. Bezirk genießt die **Karl-Meißl-Straße** Ensembleschutz. Die Allee, die vom Wallensteinplatz zum Augarten führt, ließ der Bürger Franz Fiala am Beginn des 20. Jhs. mit großzügig gestalteten fünfgeschossigen Zinshäusern einheitlich verbauen. Nr. 9 trägt die Bezeichnung Fiala-Hof und die Jahreszahl 1905.

Schließlich bietet das Gebäude der U4-Station **Friedensbrücke** „Jugendstil pur". Otto Wagner hat sie als Haltestelle Brigittabrücke der Donaukanallinie der Stadtbahn errichtet. Die Donaukanallinie und ihr Verbindungsbogen zwischen Friedensbrücke und Heiligenstadt wurden als letzte Stadtbahnstrecke 1901 eröffnet. Ursprünglich sollte die Stadtbahn zwischen Schottenring und Brigittabrücke als Hochbahn fahren, doch verhinderten dies Bürgerproteste. So plante Wagner entlang des Donaukanals eine Tiefbahnanlage. Diese war erheblich teurer, sodaß ein anderer Teil des Stadtbahnprojekts (Gumpendorfer Straße – Südbahn) aus Geldmangel nicht mehr zur Ausführung kam. Die Stadtbahn fuhr zunächst mit Dampf, erst seit 1924 elektrisch.

Ausgangs- und Endpunkt dieses Weges ist die U4-Station Friedensbrücke, wo auch die Straßenbahnlinie 5 und der Autobus 37 A halten. Wenn Sie einen guten Magen (oder eine schlechte Nase) haben, können Sie im Abgang neben der Station ein Stück unterirdisches Wien kennenlernen. Dort befindet sich, nach einem tunnelartigen Durchgang, ein Überlaufbecken, bei dem man (mit einer starken Taschenlampe) die Einmündung des eingewölbten Alserbaches in den Sammelkanal sieht.

Häuser ohne Rauchfang

**„In der Kellergassen sitz' ich ganz verlassen ..."
klagt ein Wienerlied – wahrscheinlich nur des Rei-
mes wegen. Denn bei den Heurigen in Strebersdorf
und Stammersdorf scheint Geselligkeit garantiert.
Wer aber lieber allein durch Wiens größten Wein-
bauort wandert, kann am Fuße des Bisambergs eine
Menge entdecken.**

Seit 1753 besitzen die Strebersdorfer das Ausschank-Recht. Die
romantischen Buschenschenken sind bis heute ein Geheimtip.
Große Veränderungen in der Struktur des Ortes brachte die Ansiedlung der Schulbrüder, **Anton-Böck-Gasse** 16 – 20 / Langenzersdorfer Straße 2 – 10. Sie kauften 1886 das ehem. D'Orsay'-
sche Herrschaftsgut, und damit begann die Entwicklung Florids-
dorfs zum Schulbezirk. Eine Ansichtskarte aus der Zeit der Jahrhundertwende zeigt einen Zögling in Uniform, das Pensionat
St. Josef, ein „Lehr-Kontor" sowie die neuesten Rechen- und
Schreibmaschinen von anno dazumal. Der Orden adaptierte das
Schloß als Marienheim und baute gegenüber ein Internat. Der
Schloßpark blieb bestehen, anschließend (Nr. 16) entstand
1887/88 ein Gotteshaus in gotischen Formen, dessen originale Innenausstattung sich erhalten hat und das 1941 zur Pfarrkirche erhoben wurde. Bis heute sind die Heimschulen der Schulbrüder,
ihr Sportzentrum und das Tauchzentrum Strebersdorf weit über
Wien hinaus bekannt. Die um 1910 errichteten Wohnhäuser Nr.
22 – 28 wurden nach 1984 als Block revitalisiert.

Auf der **Fillenbaumgasse** / Langenzersdorfer Straße 56 lädt
ein bunt bemaltes Hauerhaus zum „Heurigen" ein. Ecke Fillen-

baumgasse / Am Bisamberg markiert ein Holzkreuz auf einem Steinsockel die Stadtgrenze zu Langenzersdorf und die Landes-grenze Wien – Niederösterreich. Hier beginnt die Kellergasse. Ein weiteres Marterl steht an der Ecke beim Strebersdorfer Friedhof (Am Bisamberg / Krottenhofgasse). Dieses Flurdenkmal wurde im Pestjahr 1713 errichtet. Das Rote Kreuz, das einen aus Blech aus-geschnittenen Corpus trägt, ist durch ein Giebeldach und eine massive Holzumzäunung geschützt.

Entlang des Klausgrabens erreicht man den **Bisamberg**. Ori-entierungspunkt dabei ist der ORF-Sender, der das Programm Österreich 1 über Mittelwelle ausstrahlt. Der Magdalenenhof, auf einer weiten Terrasse gelegen, war lange Zeit die einzige Siedlung auf dem Berg. Im Mittelalter bestand er als herrschaftlicher Guts-hof, dann ging er in den Besitz des Schottenstiftes über. Im 19. Jh. wechselten die Besitzer oft, u.a. erwarb der Sozialpolitiker Karl Johann Vogelsang den Magdalenenhof und betrieb dort eine Schafzucht. Der landwirtschaftliche Betrieb war für die öster-reichische Armee 1866 und die kaiserlichen Jagdgäste ein be-liebtes Ausflugsziel und ist es als „Stadtheuriger" auch jetzt.

Das Stammersdorfer Pest-Monument

Vom Bisamberg, über den der Stadtwanderweg Nr. 5 und ein Naturlehrpfad führen, bietet sich ein weites Panorama über das Donautal. Naturkundlich ist er wegen der Steppenvege-tation und der Eichenwälder interessant. Die Sage von der „Teufelseiche" soll hier han-deln: Ein armer Knecht habe, um die Tochter eines reichen Bauern heiraten zu können, mit dem Teufel einen Pakt ge-schlossen. Dies geschah unter einer Eiche, an der fromme

Menschen Heiligenbilder angebracht hatten. Der Bursch willigte ein, dem Bösen seine Seele zu überlassen, sobald dieser Baum keine Blätter mehr habe, wohl wissend, daß Eichen die alten Blätter erst abwerfen, wenn die jungen nachgewachsen sind. Als sich der Teufel betrogen sah, fuhr er durch die Zweige des Baumes zur Hölle. Seither haben die Eichen gelappte Blätter. Historisch bemerkenswert sind die Reste der Schanzenbauten, die als Naturdenkmal gelten: 1856 war der Bisamberg Schauplatz von Kaisermanövern, zwei Jahre später projektierte Erzherzog Maximilian einen Verteidigungsring. Seine Bauten sollten 1866 Wien als Brückenkopf gegen die vordringenden Preußen schützen.

Die **Senderstraße** führt zur **Hagenbrunner Straße**, an deren Kreuzung mit der **Krottenhofgasse** das Dachlerkreuz steht. Es wird auch Steinernes Kreuz genannt, obwohl es aus Gußeisen ist. Der Korpus und die Engelsgestalt an der Basis sind silberfarben gestrichen. Daneben hat man an diesem Aussichtspunkt einem gefallenen Offizier des Ersten Weltkriegs einen Gedenkstein gesetzt. Die Hagenbrunner Straße ist eine der typischen Kellergassen, wie man sie auch im Weinviertel findet. Die „Häu-

In der Kellergasse von Stammersdorf

ser ohne Rauchfang", in denen die Weinpressen untergebracht waren, erheben sich über langen Kellern, die in die Lößwände gegraben wurden, um darin Wein zu lagern. Rund 100 Hauer produzieren in Stammersdorf fast ein Drittel des Wiener Weins. Seit Joseph II. zeigt ein Föhrenbuschen an einer langen Stange die Zeit der Ausschank an. Wenn „ausg'steckt" ist, kommt Leben in die Kellergassen. Man verkostet den „Brünnerstraßler" vor und in den kleinen Häusern. Stilecht erhaltene Keller geben Zeugnis vom Charakter des Weinbaudorfs.

Die Pfarrkirche, **Stammersdorfer Straße** 35, die auf einem mauergestützten Plateau am Berghang steht, bildet mit ihren Nebengebäuden und dem tiefer gelegenen barocken Pfarrhof ein stimmungsvolles Ensemble. Chor und Ostturm lassen noch die gotische Wehrkirche erkennen. In der Barockzeit und im 19. Jh. wurde sie vergrößert, auch die Innenausstattung stammt aus diesen beiden Epochen. An der Längsseite der St. Nikolaus geweihten Kirche sieht man Grabplatten, eine Marienstatue und eine überlebensgroße, farbige Kreuzigungsgruppe aus dem 18. Jh. in einer Kapelle. Die ebenerdigen Dorfhäuser an der Stammersdorfer Straße sind überwiegend erhalten und als Buschenschenken in Verwendung geblieben. Zwischen Nr. 39 und 44 bzw. 24 und 27 bildet die Straße einen Anger. Auf diesem befinden sich ein Kriegerdenkmal, das Postamt und ein Pest-Monument. Es besteht aus fünf verschieden hohen, nebeneinander angeordneten Säulen, mit Steinfiguren von Heiligen. Die höchste, in der Mitte, trägt eine Immaculata und eine Tafel mit der Inschrift „Maria durch deinen Schlangentritt Krieg, Pest und Noth verhütt 1775". Die Straße heißt ab der Hagenbrunner Straße „Am Bisamberg" und führt im Bogen nach Strebersdorf zurück.

Ausgangspunkt dieser Wanderung ist die Station Anton-Böck-Gasse der Autobuslinie 32 A. Neben Natur- und kulinarischen Genüssen zeichnet sich dieser Weg am Stadtrand durch die vielen Bildstöcke an Wegkreuzungen aus. Sie werden wohl schon manchem nach einem Besuch der Kellergassen den richtigen Heimweg gewiesen haben.

raut und Orchideen

Hirschstetten: ein kleines, altes Dorf mitten im großen Stadterneuerungsgebiet zwischen Aspern und Kagran.

Die Geschichte von Hirschstetten reicht bis in die Babenbergerzeit zurück. Der Landesherr ließ den Untertanen Grundstücke zuweisen. Zinsbauern hatten sie zu bearbeiten, Abgaben und Robotdienste zu leisten. Die Gegenleistung der Herrschaft: Schutz und Schirm. Sie sprach Recht und half nach Naturkatastrophen. Oft mußten die Grundstücke erst gewonnen werden, indem man den dichten Auwald rodete und Altarme der Donau trockenlegte. Letzte Reste dieser Naturlandschaft mit sanften Hügeln, Kastanienbäumen und unbefestigten Wegen haben sich im Hirschstettner Aupark (Zwischen der Ostbahn, Hirschstettner Straße und Am Krautgarten) erhalten. Seiner Lage an der Donau verdankt der Ort auch den Namen. „Herstetten" war eine diesseits (herent) des Stromes gelegene Stätte. Erst in der Barockzeit taucht die Bezeichnung Hirschstetten auf – mit den Rotwildvorkommen in den Auwäldern hat sie wohl nichts zu tun.

Hirschstettner Straße 74 / Ecke Stadlauer Straße erinnert eine Johannes-Nepomuk-Kapelle an die Überschwemmungsgefahr. Graf Wurmbrand-Stuppach ließ die Kapelle erbauen, in der sich nicht nur eine bunt bemalte Statue des Heiligen befindet, sondern auch Fresken, welche die Legende illustrieren.

Im Westen lag die Viehweide. Eine Straßengabelung mit den Hauptverkehrswegen nach Kagran und Aspern begrenzte das Zeilendorf. Der alte Ortskern ist im Bereich der Gehöfte mit den Hausnummern 75 / 76 bis 95 noch gut zu erkennen. Ein mit Hilfe der Stadt saniertes Beispiel dieser Bauernhäuser stellt Nr. 90 dar, das 1786 errichtet und 1909 umgebaut wurde. Auch die teilweise als Heurigen genutzten Häuser Nr. 98, 100 und 102 wirken recht malerisch. Solche, meist ebenerdigen Häuser standen links und rechts der (bis 1909 so benannten) Hauptstraße, dieser mit mehreren Fenstern und dem Hoftor längs zugewandt. In die Tiefe der Grundstücke erstreckten sich Wirtschaftsgebäude und Ställe. Eine Scheune schloß den Hof ab, dahinter befand sich der Nutzgarten. Ein Wirtschaftsweg zu den Feldern begrenzte die Parzellen parallel zur Hauptstraße. Schon um die Jahrhundertwende begann man, „hintaus" Wohnhäuser zu errichten (z.B. Am Krautgarten 21).

Seit 1954 ist Hirschstetten ein Teil des 22. Bezirks

Seltene Orchideen werden im städtischen Reservegarten in Hirschstetten kultiviert

Heute präsentiert sich die ehemalige Ried **Am Krautgarten** als Mischung aus Feldern, Einfamilienhäusern und einer Reihenhaussiedlung. Die ursprüngliche Situation ist am Haus Nr. 9 / Hirschstettner Straße 82 zu sehen, während andere wie Nr. 13 / Hirschstettner Straße 86 gewerblich genutzt sind.

Jahrhundertelang wohnte die „Herrschaft" nicht im Dorf. Erst 1693 ließ Otto Ferdinand Graf von Hohenfeld das Schloß, **Hirschstettner Straße** 89 – 93, errichten. Es wurde im Zweiten Weltkrieg von Bomben getroffen, die erhaltenen Reste, u.a. die elegante, barocke Schloßkapelle, sind seit 1953 im Besitz des Claretiner-Ordens. Anstelle der Schloß-Ruine erhebt sich die neue Pfarrkirche. Der Park mit seinen alten Bäumen – darunter eine Eiche als Naturdenkmal – ist nicht öffentlich zugänglich. Auf einem Teil des Areals entstand eine Siedlung. Dennoch lohnt sich ein Blick in die Geschichte. Zwanzig Jahre nach dem Bau des „adeligen Wohnhauses" erwarb Adam Fürst von Schwarzenberg, Oberhofmarschall Kaiser Karl VI., das Landgut und baute es als Jagdschloß um. Er verpflichtete den bedeutendsten Maler seiner Zeit, Daniel Gran, für die Freskenmalereien im Saal. Der neue Herr ließ seinen Besitz durch Mauern abgrenzen, ein großes Tor markiert seither an der Straße den Eingang. Es trägt das Wappen der Grafen Barthenstein, Besitzer zur Biedermeierzeit. An der Nordseite entstanden ein Wirtschaftshof und der Lustgarten, mit einem Bassin und Wasserspielen. Anstelle des Brunnenhauses mit der Pumpe für den Springbrunnen wurde 1739 die Schloßkapelle mit einem wertvollen Maria-Immaculata-Bild errichtet. Eine an der Wand eingemauerte „Franzosenkugel 1809" erinnert an die napoleonischen Kriege. Oft wechselten die Besitzer des Landgutes Hirschstetten. 1868 kaufte Peter Freiherr von Pirquet das Gut und eröffnete dort eine Baumschule. Mit den Setzlingen wurde u.a. der Türkenschanzpark gestaltet. Zwei Söhne des Hauses erlangten Berühmtheit: Clemens Pirquet als weltbekannter Kinderarzt (er prägte das Wort „Allergie") und Guido Pirquet als Pionier der Weltraumfahrt.

Im Osten bildete ein dreieckiger Anger zugleich Begrenzung und Zentrum der Siedlung, die im Biedermeier rund 200 Einwohner in 25 Häusern zählte. Hier befanden sich der Dorfteich, eine herrschaftliche Scheune (1739 bis 1968), Schmiede, Schule, und, seit der Mitte des 19. Jhs. bis 1971, Glockenturm und Pfarrhaus.

Unmittelbar dahinter entstanden an der **Quadenstraße** in den siebziger Jahren auf der sprichwörtlich grünen Wiese hohe, große Gemeindebau-Blocks. Seit den fünfziger Jahren befindet sich auf Nr. 15 – 19 der Reservegarten der Stadt Wien - Hirschstetten. In Glashäusern mit einer Fläche von 31.000 m^2 und in Freilandgärten von 142.000 m^2 gedeihen Blumen und Grünpflanzen, die städtische Parks und Repräsentationsräume zieren. Weltberühmt sind die Orchideen, deren wertvollste Stücke auf die berühmte Döblinger Rothschild-Sammlung zurückgehen.

Zumindest dem Namen nach gibt es in den anschließenden Gassen Blumen: Wie auch in Stadlau wurden in Hirschstetten reihenweise florale Straßennamen gewählt. (Arnika-, Kalmus-, Eibischweg ...) In diesem Bereich befindet sich die Sportanlage Donaustadt mit dem elf Hektar großen, neun Meter tiefen Badeteich, dessen Naturstrände von den Besuchern sehr geschätzt werden.

In den nächsten 20 Jahren sollen in der „Siedlungszone Marchegger Ast", in der das alte Dorf liegt, 30.000 Wohnungen und ebensoviele Arbeitsplätze geschaffen werden. Das Planungsgebiet ist mit ca. 7 mal 5,5 km etwa so groß wie die Bezirke Innere Stadt bis Alsergrund zusammengenommen. Die mit den Vorarbeiten beschäftigten Architekten sprechen sich für einen Schutz der historischen Ortskerne und der noch erhalten gebliebenen Grünflächen aus.

Ausgangspunkt dieses Weges ist die Autobusstation Hirschstetten Ort der Linien 22A, 23A, 95B. Dabei geht es nicht so sehr um einzelne, große Sehenswürdigkeiten, sondern um das Gefühl eines „Dorfs in der Stadt" und der Stadt im Dorf.

Das josephinische Dreieck

Kirche, Pfarrhof und Schule auf einem Hügel, mit dem hier der Wienerwald beginnt, bestimmen seit zwei Jahrhunderten den Rodauner Kirchenplatz. Wenige Schritte entfernt liegt das Schloß, das aus einer mittelalterlichen Burg entstand.

Die Burg Rodaun, **Willergasse** 53 – 57, war ein Glied in der Kette von Befestigungen, die über Mauer, Kalksburg, Rodaun, Perchtoldsdorf, Liechtenstein und Mödling verlief und gegen Feinde, die aus dem Osten kamen, Schutz bieten sollte. In der Reformationszeit war sie ein wichtiges Zentrum der evangelischen Konfession. Ein Grund für Kaiser Ferdinand II., die Güter 1622 einzuziehen und darauf zu achten, daß künftig nur noch Katholiken Grundherren wurden. Schließlich kauften 1898 die „Schwestern von der Kindheit Jesu und Maria" das Schloß, um darin eine Mädchenschule einzurichten. Der letzte mittelalterliche Rundturm wurde damals abgetragen, um Platz für eine Kapelle zu schaffen. Bestehen blieben ein villenartiges Gebäude und ein Teil der Renaissancemauer mit einer Schießscharte und dem Tor mit der Jahreszahl 1578. Im Zweiten Weltkrieg diente das Gebäude als Kaserne, nun wieder als Knaben- und Mädchen- Volks- und Hauptschule sowie Fachschule für wirtschaftliche Berufe „Sta. Christiana".

Die Geschichte der 1738 – 1745 erbauten Bergkirche am **Rodauner Kirchenplatz** hängt eng mit der des Schlosses zusammen. 1745/46 ließ die Gutsherrin, Eleonore von Rödersthal, das bestehende barocke Gotteshaus mit einem 35 m hohen Turm errichten. Wegen der Hanglage mußte es auf einem 12 m hohen,

Hl. Josef am Aufgang zur Bergkirche Rodaun

künstlichen Plateau gebaut werden. Am Aufgang stehen Figuren des hl. Florian und des hl. Josef mit Kind. Der quadratische Innenraum des Gotteshauses zeigt eine einheitlich-noble Ausstattung. Das Hochaltarbild (Taufe Jesu) verweist auf das Johannes-Patrozinium. Es stammt ebenso wie die Bilder der Seitenaltäre aus der Altomonte-Schule. Unter der barocken Kanzel befindet sich ein klassizistischer Taufstein. Ihn stiftete der Grundherr von Kalksburg, der Hofjuwelier Franz Mack. Der Pfarrhof, Nr. 2, ein ebenerdiges Gebäude, entstand im Zusammenhang mit der gegenüberliegenden Kirche. Nr. 1, die gleichzeitig errichtete Schule, vervollständigt das Ensemble. Von der Herrschaft geführt, bot sie 50 Kindern Platz. Nach der Neuorganisation im 19. Jh. übersiedelte die Schule in das Gemeindehaus im Ort. Das Haus am Kirchenplatz ging in Privatbesitz über. Industrielle erwarben es als Sommersitz. Um die Jahrhundertwende wurde es, dem Zeitgeschmack entsprechend, mit Holzverkleidungen umgestaltet. Im Zweiten Weltkrieg erlitt die Villa einen Bombentreffer. Doch läßt ihre stilgerechte Revitalisierung die Schäden nicht mehr erkennen.

Der Stadtwanderweg Nr. 6 „Zugberg – Maurerwald" führt am Kirchenplatz vorbei zur Mizzi-Langer-Wand, einer beliebten Kletterschule der Wiener. Sie ist der Rest eines Steinbruchs, wo schwarzgrauer Kalk zur Zementgewinnung abgebaut wurde. Das merkwürdige an dem Stein ist der asphaltartige Geruch, der beim Zerschlagen entsteht. Bis 1833 war der Schloßberg kahl. Als Johann Fürst Liechtenstein Besitzer der Herrschaft wurde, ließ er ihn mit Föhren aufforsten.

Rodaun hat nicht nur ein Schloß, sondern auch ein Schlößchen. Beide liegen in nächster Nähe, eines auf der Höhe, das andere am Fuß des Berges. Das Schlößchen, **Ketzergasse** 471, wurde 1724 für Fürst Trautson erbaut. Maria Theresia kaufte und schenkte es ihrer Obersthofmeisterin Maria Karoline Gräfin von Fuchs. Der barocke Dachstuhl und der mit Landschaftsmalereien ausgestattete Salon sind noch im Original erhalten. 1901 heiratete der Dichter Hugo von Hofmannsthal in der Bergkirche und bezog Wohnung im Schlößchen. Ein Biograph beschrieb es so: „... *ein*

Auf jedem Steg, auf jeder Bruck' ...
Johannes Nepomuk am Liesingbach

Haus, das zu seiner Welt gehört, eine halbe Stunde von Wien, som-
mers und winters bewohnbar ... ein Garten voll von Obstbäumen,
an den Hang gelehnt. Vor dem Gartenpförtchen ein Platz, auf dem
eine kleine Kirche steht, und innen im Haus die Räume, wie sie
genau zu ihn und seiner Arbeit passen." Im Schlößchen schrieb er
unter anderem die Opernlibretti für Richard Strauß und pflegte die
Zusammenarbeit mit Max Reinhardt für die Salzburger Festspiele.
In der Nachkriegszeit wohnte die Dichterin und Malerin Maria
Grengg im Hofmannsthal-Schlößl und hielt in den historischen
Räumen kulturelle Veranstaltungen ab. Auf Nr. 473 befand sich
von der Barockzeit bis zum Ersten Weltkrieg das Rodauner Bad
mit einer schwefel-und eisenhältigen Heilquelle. In der zweiten
Hälfte des 19. Jhs. richtete Johann Stelzer hier sein „Wirtshaus von
Österreich" ein, das sich in den letzten Jahren der Monarchie zum
Prominenten-Treffpunkt entwickelte. Nach Kriegszerstörungen
wurde der Stelzerhof demoliert. Neben einem stadelartigen Gebäude auf einer Wiese (Nr. 392) und einem Biedermeier-Landhaus
(Nr. 394) gemahnt die Johannes-Nepomuk-Statue in einer Kapelle
am Ufer des Liesingbaches an die Überschwemmungsgefahr. An
der Kreuzung mit der Willergasse erinnern einige niedrige Häuser
an die dörfliche Vergangenheit Rodauns. Auf Nr. 465 ist der alte
Gasthof erhalten geblieben. Ein Stein beim Einfahrtstor verrät das
Erbauungsjahr 1577, auch
die Sgrafitto-Dekorationen
stammen aus dieser Zeit.
In der Barockzeit erhielt
das Haus ein Mansarden-
dach. Die Ketzergasse mit
ihren dreistelligen Haus-
nummern ist übrigens die
längste Gasse Wiens.

**Ausgangs- und Endpunkt der
Wanderung ist der Rodauner
Kirchenplatz. Sie erreichen ihn mit
dem Bus der Linie 60 A, Station
Willergasse/Schule, der von der
Schnellbahnstation Liesing
abfährt. Wenn Sie gut zu Fuß
sind, können den Stadtwanderweg Nr. 6 (Zugberg – Maurer
Wald) gehen. Er ist in 12,5 km
Länge von der Endstation Rodaun
der Straßenbahnlinie 60 aus
markiert.**

Akkon Aktuell. Informationen der Pfarrgemeinde Akkonplatz
Architektur in Wien. 300 sehenswerte Bauten. Hg. MA 19
Heinrich Berg und Walter Lukan: **Wien in alten Ansichtskarten: Floridsdorf und Donaustadt.** Zaltbommel 1991
Brigittenauer Heimat. Hg. ARGE der Lehrerschaft des 20. Bezirks. Wien o.J.
Felix Czeike: Wien. **Kunst & Kultur-Lexikon.** München o.J.
Felix Czeike: **Wien in alten Ansichtskarten: Innere Stadt.** Zaltbommel 1989; **Leopoldstadt und Brigittenau,** Zaltbommel 1992; **Landstraße und Simmering,** Zaltbommel 1988
Felix Czeike: **Wiener Bezirkskulturführer Innere Stadt.** Wien 1983; **Leopoldstadt.** Wien 1980; **Landstraße.** Wien 1984; **Wieden.** Wien 1981; **Mariahilf.** Wien 1981; **Josefstadt.** Wien 1980; **Alsergrund.** Wien 1979; **Simmering.** Wien 1980; **Hietzing.** Wien 1982; **Penzing.** Wien 1979; **Rudolfsheim-Fünfhaus.** Wien 1980; **Ottakring.** Wien 1981; **Brigittenau.** Wien 1981; **Floridsdorf.** Wien 1979
Felix Czeike: **Das Große Groner Wien-Lexikon.** Wien 1974
Felix Czeike: **Historisches Lexikon Wien.** Wien 1992
Dehio Wien II. – IX. und XX. Bezirk. Hg. Bundesdenkmalamt. Wien 1993
Döbling. Eine Heimatkunde des XIX. Wiener Bezirkes. Hg. Döblinger Lehrer. Wien 1922
Elfriede Faber: **Wien in alten Ansichtskarten: Mariahilf und Neubau.** Zaltbommel 1989
Favoriten. Ein Heimatbuch des 10. Wiener Gemeindebezirkes. Hg. Lehrer-Arbeitsgemeinschaft, Klemens Dorn. Wien 1928
Rupert Feuchtmüller: **Die Praterstraße** in der Wiener Leopoldstadt. Wien 1992
Karl Fischer: **Wien in alten Ansichtskarten: Hietzing und Schloß Schönbrunn.** Zaltbommel 1989
Gustav Gugitz: **Die Sagen und Legenden der Stadt Wien.** Wien 1952
Peter Haldovsky: **Altmannsdorf.** 2 Bde. Wien 1983
Hans Havelka: **Wiener Heimatkunde Simmering.** Wien – München 1983

Hernals. Ein Heimatbuch für den 17. Wiener Gemeindebezirk. Hg. Hernalser Lehrer. Wien 1924

Hietzing. Ein Heimatbuch des 13. Wiener Gemeindebezirkes. Hg. ARGE für Heimatkunde in Hietzing. 2 Bde. Wien 1925

Franz Kaiser: **Wiener Heimatkunde Brigittenau.** Wien – München 1975

Wilhelm Kisch: **Die alten Straßen und Plätze Wiens.** Wien 1883

Wilhelm Kisch: **Die alten Straßen und Plätze von Wiens Vorstädten.** (2 Bde.) Wien 1895

Helmut Kretschmer: **Wiener Heimatkunde Landstraße.** Wien – München 1982; **Mariahilf.** Wien 1992

Helmut Kretschmer: **Wiener Bezirkskulturführer Währing.** Wien 1982; **Döbling.** Wien 1982

Helmut Kretschmer: **Wiener Musikergedenkstätten.** Wien 1988

Helmut Kretschmer: **Wien in alten Ansichtskarten: Döbling und Währing.** Zaltbommel 1985

Die Leopoldstadt. Hg. Lehrer-Arbeitsgemeinschaft. Wien 1937

Liebenswertes Hernals. Hg. Kulturverein. Wien 1982

Mariahilf einst und jetzt. Hg. Ernest Blaschek. Wien 1926

Mariahilf. Das Wiener Heimatbuch. Hg. ARGE des Mariahilfer Heimatmuseums. Wien 1963

Die Mariahilfer Straße. Geschichte einer Straße. Hg. Mariahilfer Heimatmuseum. Wien 1966

Wolfgang Mayer: **Wiener Bezirkskulturführer Margareten.** Wien 1982; **Neubau.** Wien 1983; **Meidling.** Wien 1984; **Hernals.** Wien 1983

Wolfgang Mayer: **Wien in alten Ansichtskarten Wieden, Margareten und Favoriten.** Zaltbommel 1988

Robert Medek: **Wien in alten Ansichtskarten Ottakring und Hernals.** Zaltbommel 1991

Meidling. **Der 12. Wiener Gemeindebezirk in Vergangenheit und Gegenwart.** Wien 1930

Alfred Missong: **Heiliges Wien.** Wien 1970

Robert Mucnjak: **Führer durch Alt-Wien.** Wien 1980

Edith Müllbauer: **Wiener Bezirkskulturführer Donaustadt.** Wien 1985

Ferdinand Opll: **Wiener Bezirkskulturführer Liesing.** Wien 1981

Ferdinand Opll: **Wiener Heimatkunde Liesing.** Wien 1982

Ferdinand Opll: Wien / **Meidling und Liesing in alten Ansichten.** Zaltbommel 1984

Ottakring. Ein Heimatbuch des 16. Wiener Gemeindebezirkes. Hg. ARGE für Heimatkunde in Ottakring. Wien 1924

Hans Pemmer – Ninni Lackner: **Der Wiener Prater einst und jetzt.** Wien 1935

Brigitta Psarakis: **Wien in alten Ansichtskarten: Josefstadt und Alsergrund.** Zaltbommel 1989

Georg Rigele: **Die Wiener Höhenstraße.** Autos, Landschaft und Politik in den dreißiger Jahren. Wien 1993

Hans Rotter: **Neubau.** Ein Heimatbuch des 7. Wiener Gemeindebezirks. Wien – Leipzig - New York 1925

Hans Rotter: **Die Josefstadt.** Geschichte des 8. Wiener Gemeindebezirks. Wien 1918

Godehard Schwarz: **Grinzing.** Wien 1982

Herbert Tschulk: **Wiener Bezirkskulturführer Favoriten.** Wien 1985

Währing. Ein Heimatbuch des 18. Wiener Gemeindebezirks, Hg. ARGE Währinger Heimatkunde. Wien 1923

Werner W. Weiss: **Die Kuffner-Sternwarte.** Wien 1984

Wolfgang Westerhoff: **Bildstöcke in Wien.** St. Pölten 1993

Wien von A bis Z. Hg. Wiener Tourismusverband. Wien 1993

Hertha Wohlrab: **Wiener Heimatkunde Penzing.** Wien – München 1985

Hertha Wohlrab: **Wien in alten Ansichtskarten: Penzing und Rudolfsheim-Fünfhaus.** Zaltbommel 1991

Alfred Wolf: **Alsergrund-Chronik.** Wien 1981

Alfred Wolf: **Alsergrund.** Bezirk der Dichter und Denker. Wien 1993

Helga Maria Wolf – Alfred Wolf: **Alsergrund-Album.** Wien 1982

Helga Maria Wolf: **Damals am Alsergrund.** Wien 1991

Zeiten und Menschen von Hernals. Hg. ARGE Hernalser Heimatmuseum. Wien 1958